HENRY DAVID THOREAU
VOM WANDERN

Aus dem amerikanischen Englisch und
mit einem Nachwort von Heiner Feldhoff

K
A
M
P
A

Der vorliegende Essay erschien erstmals 1862
unter dem Titel *Walking* in der Zeitschrift *Atlantic Monthly*.
Die deutsche Erstausgabe erschien 1983 im Verlag
der Manufactur, Horn.
Die Übersetzung wurde für die vorliegende Ausgabe
von Heiner Feldhoff grundlegend überarbeitet.

Für den Blick hinter die Verlagskulissen:
www.kampaverlag.ch/newsletter

KAMPA POCKET
DIE ERSTE KLIMANEUTRALE TASCHENBUCHREIHE
Gedruckt auf säurefreiem und chlorfrei gebleichtem
Papier aus verantwortungsvollen Quellen, zertifiziert
durch das Forest Stewardship Council. Der Umschlag
enthält kein Plastik. Kampa Pockets werden klima-
neutral gedruckt, kampaverlag.ch/nachhaltig informiert
über das unterstützte CO_2-Kompensationsprojekt.

Veröffentlicht im März 2022 als Kampa Pocket
Copyright © 2022 by Kampa Verlag AG, Zürich
Covergestaltung: Lara Flues, Kampa Verlag
Coverabbildung: © Lara Flues
Satz: Tristan Walkhoefer, Leipzig
Gesetzt aus der Stempel Garamond LT / 210240
Druck und Bindung: GGP Media GmbH, Pößneck
Auch als E-Book erhältlich
ISBN 978 3 311 15047 3

www.kampaverlag.ch

Vom Wandern

Ich möchte meine Stimme für die Natur erheben, für absolute Freiheit und Wildheit, im Gegensatz zu den Freiheiten, wie sie uns die bürgerliche Kultur zubilligt. Für mich ist der Mensch Bewohner und Teil der Natur und nicht bloßes Mitglied der Gesellschaft. Ich möchte eine radikal andere Sicht der Dinge darlegen, und dies so emphatisch wie mir möglich, denn an Befürwortern mangelt es der Zivilisation ja nicht: Darum kümmern sich schon der Pfarrer, das Schulkomitee und ein jeder von euch.

Im Laufe meines Lebens habe ich nur ein oder zwei Personen getroffen, die die Kunst zu gehen, zu wandern wirklich beherrschten, die sozusagen eine Begabung zum *sauntering*, zum Schlendern, besaßen, ein Wort, das wunderbar abgeleitet ist von »müßigen Menschen, die im Mittelalter übers Land zogen und um Almosen baten unter dem Vorwand, sie gingen *à la Sainte Terre*«, zum Heiligen Land, bis die Kinder riefen: »Da geht ein *Sainte-Terrer*«; ein Saunterer, ein Heiligländer. Wer, entgegen eigener Behauptung, niemals zum Heiligen Land unterwegs ist, muss tatsächlich als bloßer Müßiggänger und Vagabund gelten; nur wer ernsthaft dorthinzuwandern gedenkt, ist ein »Schlenderer« im guten Sinne des Wortes, wie ich es verstehe. Es gibt auch Leute, die das Wort von *sans terre*, ohne Land oder Zuhause, ableiten, was (wiederum im guten Sinne) bedeutet: kein bestimmtes Zuhause zu haben, überall zu Hause zu sein. Denn darin liegt ja das Geheimnis des Wanderns. Wer die ganze Zeit in der Stube hockt, kann der größte Vagabund sein; der schlendernde Wanderer aber treibt sich nicht mehr herum als ein munterer Fluss, der mäandernd den kürzesten Weg zum Meer sucht. Mir persönlich scheint die erste Erklärung die richtigere zu sein. Jede Wanderung ist ja eine Art von Kreuzzug, zu dem uns irgendein innerer Peter der Einsiedler aufruft, nämlich: loszugehen und dieses Heilige Land von den Ungläubigen zurückzuerobern.

Ja, Kreuzfahrer sind auch wir, aber ach: wie kleinmütig und zaghaft! Wer nimmt denn noch Risiken auf sich, wer beginnt eine Wanderung, ohne zu wissen, wann sie endet? Wir muten uns doch höchstens kleine Ausflüge zu, die am Abend dort enden, wo wir losgegangen sind: am häuslichen Herd. Mithin besteht schon eine Hälfte der Wanderung darin, unsere Schritte zurückzulenken. Stattdessen sollten wir immer weiter gehen, selbst auf der kürzesten Wanderung, mit der Einstellung, vielleicht niemals zurückzukehren; wir sollten bereit sein, uns in ein unsterbliches Abenteuer zu verlieren, aus dem lediglich unsere einbalsamierten Herzen als Reliquien in unsere verlassenen Königreiche zurückgesandt werden. Wenn du bereit bist, Vater und Mutter zu verlassen, Bruder und Schwester, Frau und Kind und deine Freunde, sie niemals wiederzusehen – wenn du deine Schulden bezahlt, dein Testament gemacht, alle deine Angelegenheiten geregelt hast und ein freier Mensch bist – dann bist du bereit zu wandern.

Um von meinen eigenen Erfahrungen zu sprechen, so haben wir, mein Weggefährte und ich (denn manchmal habe ich einen Begleiter), Freude daran, uns vorzustellen, wir seien Ritter eines neuen, oder besser: eines sehr alten Ordens. Natürlich denken wir dabei nicht an Equites oder Chevaliers, nicht an Ritter oder Riders, sondern an Wanderer, eine noch ältere und ehrwürdigere Klasse, wie ich glaube. Das Ritterliche und Heldenhafte, das den früheren Rittern eigen war, scheint nunmehr dem Wanderer zugefallen zu sein; gab es vormals den fahrenden Ritter, so haben wir es heute mit dem fahrenden Wanderer zu tun, der so etwas wie ein vierter Stand ist, außerhalb von Kirche, Staat und Volk.

Wir haben den Eindruck gewonnen, dass wir in dieser Gegend die Einzigen sind, die diese edle Kunst ausüben; dennoch würden, um die Wahrheit zu sagen, die meisten unserer Stadtbewohner, soweit man ihren Worten Glauben schenken darf, gern von Zeit zu Zeit wandern, so wie ich es tue – aber sie können es nicht. Alles Geld dieser Welt reicht nicht aus, um die unverzichtbare Muße, Freiheit und Unabhängigkeit zu erwerben, die das Kapital für diese Tätigkeit sind. Allein die Gnade Gottes kann es uns schenken. Es bedarf einer unmittelbaren Fügung des Himmels, ein Wanderer zu werden. Du musst in die Familie der Wanderer hineingeboren werden. *Ambulator nascitur, non fit* [Als Spaziergänger wird man geboren, werden kann man es nicht]. Einige meiner Mitbürger können sich zwar noch lebhaft an Wanderungen erinnern, die sie vor zehn Jahren gemacht haben. Aus ihren Beschreibungen spüre ich, wie selig sie waren, sich für nur eine halbe Stunde in den Wäldern zu verlieren; seither freilich, das weiß ich genau, haben sie doch lieber die Landstraße genommen, auch wenn sie immer noch behaupten, zu jenen Auserwählten zu gehören. Zweifellos waren sie für einen Augenblick herausgehoben, indem sie sich an ein früheres Stadium ihres Seins erinnerten, als sie selbst Waldmenschen und Gesetzlose waren.

»Als er kam zum grünen Wald
Eines frohen Morgens,
Hörte er die Stimmen zart
Froher Vögel singen.

Lange bin, so sagte Robyn,
Ich nicht hier gewesen.
Jetzt hätt ich nicht übel Lust, ein
Braunes Reh zu schießen.«

[*A Lytell Geste of Robyn Hode*]

Ich bin davon überzeugt, dass ich meine Gesundheit und meine Lebensgeister nicht erhalten kann, wenn ich nicht wenigstens vier Stunden am Tag – für gewöhnlich sind es mehr – durch die Wälder und über die Hügel und Felder streife, vollkommen frei von allen weltlichen Verpflichtungen. Man wird mir sicher sagen: Einen Penny für deine Gedanken oder tausend Pfund. Wenn ich manchmal daran erinnert werde, wie viele Handwerker und Geschäftsleute nicht nur den ganzen Morgen, sondern auch den ganzen Nachmittag in ihren Läden hocken – mit überkreuzten Beinen, als ob sie damit nur sitzen und nicht stehen oder wandern könnten –, so denke ich, dass sie alle Hochachtung verdienen, nicht längst Selbstmord begangen zu haben.

Ich selbst kann nicht einen einzigen Tag in meinem Zimmer bleiben, ohne Rost anzusetzen, und wenn ich mich manchmal erst in der elften Stunde oder um vier Uhr nachmittags zu einer Wanderung fortstahl – zu spät, um den Tag zurückzugewinnen, da die Schatten der Nacht sich bereits mit dem Tageslicht zu vermischen begannen –, dann fühlte ich mich, als hätte ich eine Sünde begangen, für die ich büßen müsste. Meine Nachbarn besitzen eine so gewaltige Ausdauer und seelische Stumpfheit, sich über Tage, Wochen, Monate, selbst Jahre an ihre Läden und Büros zu ketten, dass ich nur staunen kann. Ich weiß nicht, aus welcher Substanz sie geschaffen sind, dass sie es fertigbringen, um drei Uhr nachmittags genauso dazusitzen wie um drei Uhr früh. Napoleon mag von der Drei-Uhr-früh-Tapferkeit sprechen, aber die ist nichts im Vergleich zu der Tapferkeit, die man braucht, um sich zu dieser

Nachmittagsstunde heiter hinzusetzen und dem eigenen Ich zuzugesellen, mit dem man es doch schon den ganzen Morgen zu tun gehabt hat, um eine Garnison auszuhungern, mit der man doch in enger Zuneigung verbunden ist. Es wundert mich, dass um diese Zeit – gegen vier oder fünf Uhr nachmittags, wenn es zu spät ist für die Morgenzeitung und noch zu früh für das Abendblatt – auf den Straßen keine große Explosion zu hören ist, die eine Unzahl altmodischer und verschrobener Ideen in alle vier Winde verstreut, damit das Übel an der frischen Luft sich selbst kuriere.

Wie die Frauen, die ja noch mehr ans Haus gebunden sind als die Männer, dies überstehen, weiß ich nicht. Aber ich habe Grund zu der Annahme, dass die meisten von ihnen es eigentlich gar nicht über*stehen*. Wenn wir an einem frühen Sommernachmittag den Staub des Ortes aus unserer Kleidung geschüttelt haben und an den Häusern vorbeieilen, die mit ihren rein dorischen oder gotischen Fassaden so viel Ruhe ausstrahlen, dann flüstert mir mein Weggefährte zu, dass die Bewohner dieser Häuser wahrscheinlich schon zu Bett gegangen sind, und ich genieße die Schönheit und Pracht der Architektur, die sich selbst niemals ins Innere zurückzieht, sondern immerdar draußen aufrecht steht und über die Schlummernden wacht.

Kein Zweifel: Temperament und vor allem das Alter haben viel damit zu tun. Wenn ein Mann älter wird, wächst seine Fähigkeit, still zu sitzen und einer Tätigkeit innerhalb des Hauses nachzugehen. Da sich der Lebensabend nähert, wird er in seinen Gewohnheiten zu einem Abendmenschen, bis er schließlich nur noch vor Sonnenuntergang das Haus verlässt und die nötigsten Gänge in einer halben Stunde erledigt.

Das Wandern jedoch, von dem ich spreche, hat nichts gemein mit einem Sich-Bewegung-Verschaffen, wie es genannt wird – so wie Kranke ihre Medizin zu festgesetzten Zeiten nehmen, wie das Schwingen von Hanteln oder Stühlen –; es ist vielmehr das Wagnis und Abenteuer eines jeden Tages. Wenn du dir tatsächlich Bewegung verschaffen willst, dann suche nach den Quellen des Lebens. Man stelle sich nur einen Mann vor, der um seiner Gesundheit willen Hanteln schwingt und niemals auf die Idee kommt, sich aufzumachen zu dem weit entfernten Weideland, wo jene Quellen sprudeln.

Ferner musst du gehen wie ein Kamel, von dem es heißt, es sei das einzige Tier, das beim Gehen alles noch einmal durchkaut. Als ein Reisender

Wordsworths Haushälterin bat, ihm das Arbeitszimmer ihres Herrn zu zeigen, antwortete sie: »Hier ist seine Bibliothek, sein Arbeitszimmer liegt draußen vor der Tür.«

Wenn man sehr viel draußen ist, sich Sonne und Wind aussetzt, so wird dies zweifellos eine gewisse Rauheit des Charakters hervorrufen – und, wie auf Gesicht und Händen, auf einigen unserer feineren Wesenszüge eine dickere Hautschicht wachsen lassen, so wie schwere manuelle Arbeit die Hände eines Teils ihrer Feinfühligkeit beraubt. Andererseits kann das Verweilen im Haus eine weiche und glatte, um nicht zu sagen dünne Haut bewirken, begleitet von einer gesteigerten Empfindsamkeit für gewisse Eindrücke. Vielleicht wären unsere Sinne empfänglicher für wichtige, unserem geistigen und moralischen Wachstum nützliche Einflüsse, wenn uns die Sonne etwas weniger beschienen, der Wind etwas weniger umweht hätte; und zweifellos ist es eine schöne Sache, die dicke und die dünne Haut ins richtige Verhältnis zueinander zu setzen. Aber mir scheint, dass dies ein Schorf ist, der sehr rasch abfallen wird – dass das natürliche Heilmittel in dem Verhältnis gefunden werden kann, welches zwischen Nacht und Tag liegt, zwischen Winter und Sommer, zwischen dem

Denken und der Erfahrung. So wird viel mehr Luft, mehr Sonnenschein in unseren Gedanken sein. Die schwieligen Hände des Arbeiters sind mit feineren Geweben wie Selbstachtung und Heldenmut vertraut, deren Berührung das Herz erbeben lässt, als die schlaffen Finger des Müßiggangs. Das ist doch bloße Sentimentalität, die tagsüber im Bett liegt und sich weiß vorkommt, aber weit entfernt ist von der Bräune und den Schwielen der Erfahrung.

Natürlich gehen wir in Feld und Wald, wenn wir wandern, denn was hätten wir davon, wenn wir in einem Garten oder auf einer Promenade herumliefen? Es hat Philosophensekten gegeben, die, da sie nicht in die Wälder gingen, den Wald zu sich holten, denn sie spürten, wie sehr sie seiner bedurften. »Sie pflanzten Haine und Platanenalleen«, wo sie in den offenen Säulenhallen an frischer Luft *subdiales ambulationes* [Spaziergänge unter freiem Himmel] unternahmen. Es hat natürlich keinen Zweck, unsere Schritte in die Wälder zu lenken, wenn unser Selbst nicht mitgeht. Ich bin beunruhigt, wenn es mir widerfährt, dass mein Körper eine Meile in den Wald hineingegangen ist, ohne meinen Geist mitzunehmen. Bei meiner Nachmittagswanderung würde ich gern alle meine morgendlichen Beschäftigungen und gesellschaftlichen Pflichten vergessen. Aber so leicht kann ich das Städtchen nicht abschütteln. Der Gedanke an eine bestimmte Tätigkeit geht mir dann im Kopf herum, und ich bin nicht dort, wo mein Körper ist – ich bin von Sinnen. Während meiner Wanderungen würde ich aber gern zur Besinnung kommen! Was habe ich in den Wäldern zu suchen, wenn ich an etwas denke, das außerhalb der Wälder liegt? Ich zweifle an mir selbst und komme nicht umhin, zu schaudern, wenn auch ich mich in vielerlei Tätigkeiten verstrickt finde, mögen sie auch, und bisweilen mit Recht, als gute Werke erscheinen.

In meiner Umgebung gibt es viele gute Wandermöglichkeiten; und obwohl ich schon viele Jahre lang fast jeden Tag und manchmal sogar über mehrere Tage gewandert bin, habe ich noch nicht alle ausgeschöpft. Eine ganz neue Aussicht ist ein großes Glück, und das kann ich jeden Nachmittag erfahren. Schon eine zwei- bis dreistündige Wanderung bringt mich in eine Gegend, wie ich sie mir nirgendwo fremder vorstellen kann. Ein einsames Gehöft, das ich noch nie gesehen hatte, ist manchmal genauso imposant wie das königliche Anwesen in Dahomey. Es gibt in der Tat eine Art von Übereinstimmung zu entdecken zwischen den Eigenschaften einer Landschaft im Umkreis von zehn Meilen oder den Grenzen eines Nachmittagsspaziergangs und den etwa sieben Jahrzehnten des menschlichen Lebens. Beide werden dir niemals ganz vertraut sein.

Fast alle zivilisatorischen Fortschritte, wie das Errichten von Häusern oder das Abholzen des Waldes und all der alten Bäume, verunstalten heutzutage die Landschaft und machen sie zahmer und wertloser. Wo ist das Volk, das anfängt, die Zäune niederzubrennen und den Wald stehen zu lassen! Einmal sah ich halb verrottete Zäune, verloren inmitten der Prärie, als irgendein gewinnsüchtiger Weltmensch erschien, in Begleitung eines Landvermessers, um nach den Umgrenzungen seines Besitztums zu schauen, während sich ringsum der weite Himmel auftat; aber die Engel, die da auf- und abstiegen, sah er nicht, sondern suchte hier, mitten im Paradies, nach einem alten Pfahlloch in der Erde. Und abermals sah ich ihn, wie er, umgeben von Teufeln, inmitten eines morastigen, stygischen Sumpfes stand, wo er zweifellos seine Grenzmarkierungen gefunden hatte, drei kleine Steine zeigten ihm die Stelle, an der ein Grenzpfosten eingerammt gewesen war; und als ich näher hinschaute, sah ich, dass sein Landvermesser der Fürst der Finsternis war.

Von meiner Haustür aus kann ich leicht zehn, fünfzehn, zwanzig, beliebig viele Meilen wandern, ohne an ein Haus zu kommen, ohne eine Straße zu überqueren – außer dort, wo Fuchs und Nerz es tun: zuerst am Fluss entlang und dann am Bach, dann durch Wiese und Wald. Es gibt ganze Quadratmeilen in meiner Umgebung ohne Einwohner. Von vielen Hügeln aus kann ich die menschlichen Ansiedlungen in der Ferne liegen sehen. Von den Farmern und ihrer Arbeit ist von hier aus kaum mehr zu sehen, als wenn man nach Waldmurmeltieren und ihren Höhlen Ausschau hielte. Der Mensch und seine Geschäfte, Kirche, Staat und Schule, Handel und Gewerbe, Industrie und Landwirtschaft, sogar die Politik, der größte Unruhestifter von allen – wie ich mich freue, dass von ihnen so wenig in dieser Landschaft wahrzunehmen ist! Die Politik ist nur ein schmales Feld, zu welchem jene noch schmalere Straße dort unten führt. Manchmal beschreibe ich einem Reisenden den Weg dorthin. Wenn du in die Welt der Politik gehen willst, dann folge der großen Straße, folge dem erstbesten Geschäftsmann, verliere den Staub, den er aufwirbelt, nicht aus den Augen, und er wird dich geradewegs hinführen; denn auch sie hat ihren eigenen Bereich und nimmt nicht allen

Raum ein. Als würde ich von einem Bohnenfeld in den Wald entschwinden, mache ich mich von der Politik frei, und alsbald ist sie vergessen. In nur einer halben Stunde kann ich zu einem Fleckchen Erde gelangen, das während eines ganzen Jahres kein Mensch betreten wird, und folglich gibt es dort keine Politik. Denn was wäre diese mehr als der Rauch einer Zigarre?

Das *village*, das Dorf, ist der Ort, zu dem die Straßen hinführen, eine Art Erweiterung der Landstraße, so wie sich ein Fluss zu einem See erweitert. Es ist ein Körper, zu dem die Straßen wie Arme und Beine gehören, ein drei- oder vierfach erreichbarer, ein trivialer oder quadrivialer Ort, wo Reisende durchfahren oder rasten. Das Wort kommt von dem lateinischen *villa*, das seinerseits zusammenhängt mit *via*, Weg, oder den älteren Formen *ved* und *vella*. Varro stammt von *vehere* (fahren, bringen), da die Villa der Ort ist, zu dem die Dinge hin- und von wo sie fortgetragen werden. Von denen, die ein Fuhrwerk hatten und davon lebten, hieß es: *vellaturam facere*. Daher stammt wohl auch das lateinische *vilis* (nichtswürdig) sowie unser *villain* (Schurke), was darauf hindeutet, zu welcher Art von Degeneriertheit die Dorfbewohner neigen. Sie sind müde von dem vielen Reisen, das an ihnen vorbei- und über sie hinweggegangen ist, ohne dass sie selbst reisen.

Manche gehen überhaupt nicht, andere gehen auf Landstraßen, wenige gehen querfeldein. Straßen sind für Pferde und Geschäftsleute gemacht. Ich benutze sie vergleichsweise selten, denn ich stehe nicht unter dem Zeitdruck, irgendein Wirtshaus, einen Laden, einen Mietstall oder ein Lagerhaus zu erreichen, zu denen sie führen. Zwar bin ich ein gutes Reisepferd, aber ungern auf Straßen. Ein Landschaftsmaler setzt menschliche Gestalten auf die Straße, damit diese als solche überhaupt kenntlich wird. Meine Gestalt könnte er dort nicht unterbringen. Ich wandere in eine Natur hinaus, durch welche schon die alten Propheten und Dichter – Manu, Moses, Homer, Chaucer – gewandert sind. Du magst sie Amerika nennen, aber es ist nicht Amerika; weder Americus Vespucius noch Kolumbus oder andere waren ihre Entdecker. Die Mythologie liefert uns dazu einen verlässlicheren Bericht als irgendeine »Geschichte Amerikas«, die ich kenne.

Es gibt jedoch einige alte Straßen, die man mit Gewinn begehen kann, als führten sie jetzt, da sie kaum mehr benutzt werden, endlich irgendwohin. Da ist zum Beispiel die Old Marlborough Road, die heute, glaube ich, gar nicht mehr nach Marlborough führt, es sei denn, das, wohin sie mich führt, ist Marlborough. Ich erlaube mir die Kühnheit, hier davon zu sprechen, denn ich nehme an, dass es in jeder Stadt noch ein oder zwei dieser Straßen gibt:

Die Old Marlborough Road

Wo einst sie gruben nach Gold,
Doch ohne jeden Erfolg,
Wo manchmal Miles der Krieger
Ganz allein marschiert,
Auch Elijah Wooden tut es,
Und ich ahn für ihn nichts Gutes,
Wo außer Elisha Dugan
Kein anderer Mann
Das Leben ertragen kann,
Ein Mann von rauem Sinn,
Rebhuhn und Wildkanin
Gehören zu ihm,
Er stellt Fallen für morgen,
Hat sonst nichts zu besorgen,
Er lebt ganz allein,
Nah der Erde, dem Gebein:
Wie er das süße Leben liebt,
Da es ihm immer zu essen gibt.

Wenn der Lenz mein Blut bewegt
Und meine Reiselust sich regt,
Find ich den Schotter wieder. Wo?
Auf der alten Straße nach Marlborough,
Die keiner repariert,
Da keiner sie lädiert:
Des Lebens Weg erkennen,
Wie es die Christen nennen.
Wenige freilich finden hierhin,
Einzig die Gäste des Iren Quin.
Was, was? Sind hier denn Ort und Zeit
Nichts als reine Möglichkeit?
Und ist es also ohne Sinn
Zu fragen: Wo geht's hin?

Wegweiser groß aus Stein.
Aber Reisende? Nein.
Grabmäler am Straßenrand
Aus toten Städten, unbekannt.
Wenn du entzifferst das Gestein,
Weißt du, wo du könntest sein.
Welchem König, wie ratlos ich bin,
Kam es eigentlich in den Sinn,
Die Steintafeln zu schaffen hierhin,
Welcher Stadtrat ordnet' es an,
Aus welchem Grunde, wie und wann?
Wir erfahren es wohl nie,

Ob Gourgas, Darby, Clark, ob Lee.
Du spürst genau, hier wächst die Zeit
Steinern in die Ewigkeit.
Sonst sind die Tafeln leer,
Man erkennt nichts mehr,
Seufzt der Reisende; er hätte
Die Möglichkeit, an dieser Stätte
Einen Satz in den Stein zu hauen,
Den ein andrer lesen kann,
Wenn allergrößte Not am Mann,
Der ihn begleitet viele Meilen,
Ja, ich kenne ein, zwei Zeilen,
Das wäre Dichtung,
Die dem ganzen Land
Wiese die Richtung,
Die übers Jahr zu bewahren
Leichtfiele trotz Gefahren,
Bis Schnee und Eis vorbei
Und der Weg im Frühjahr frei,
Und die der Wandersmann
dann wiederlesen kann.

Wenn du wirklich wach bei Sinnen
Und dich nichts zu Hause hält,
Führt dich die Old Marlborough Road
Um die ganze weite Welt.

Zum Glück befindet sich das schönste Stück Land in meiner Umgebung gegenwärtig nicht in Privatbesitz; niemand ist dort Eigentümer, und der Wanderer erfreut sich beträchtlicher Freiheit. Aber der Tag wird kommen, da es aufgeteilt wird in sogenannte Erholungsgebiete und Vergnügungsparks, in denen nur einige wenige ihr enges und exklusives Vergnügen finden werden – da die Zahl der Zäune weiter zunehmen wird und die Menschen gezwungen sind, aus Sorge vor Fußangeln und anderen tückischen Erfindungen, auf den *öffentlichen* Wegen zu bleiben. Wandern über Gottes Erde wird dann als unbefugtes Eindringen in den Landbesitz irgendeines Gentleman ausgelegt werden. Wer aber etwas genießen will, indem er andere ausschließt, beraubt sich selbst des wahren Genusses. Lasst uns jetzt unsere Chancen nutzen, bevor die bösen Tage kommen.

Woran liegt es, dass wir manchmal nicht recht entscheiden können, wohin wir wandern wollen? Ich glaube, dass es einen feinen Magnetismus in der Natur gibt, der uns, wenn wir uns ihm unbewusst überlassen, den richtigen Weg weisen wird. Es ist uns nicht gleichgültig, welchen Weg wir gehen. Es gibt einen richtigen Weg, aber wir neigen dazu, aus Unachtsamkeit und

Dummheit den falschen zu nehmen. Wir würden gern jenen Weg durch unsere äußere Welt nehmen, den wir bisher noch nie eingeschlagen haben – der vollkommen dem Weg entspricht, auf dem wir immerzu in unserer inneren und idealen Welt unterwegs sind. Da unsere Vorstellungen von diesem tieferen Sinn noch so unklar sind, haben wir häufig Schwierigkeiten damit, unsere Richtung zu wählen.

Wenn ich aus dem Haus gehe, um eine Wanderung zu machen, noch unsicher, wohin ich meine Schritte lenken soll, und die Entscheidung meinem Instinkt überlasse, so stelle ich fest – es mag seltsam und absonderlich klingen –, dass ich mich schließlich, als könnte es nicht anders sein, nach Südwesten wende, zu einem bestimmten Wald, einer Wiese, einer verlassenen Weide oder einem Hügel in dieser Richtung. Mein innerer Kompass ist jedoch träge: Nicht immer zeigt seine Nadel genau Südwesten an, sie schwankt, zugegeben, gelegentlich um einige Grade – wohl aus guten Gründen; aber sie bleibt immer zwischen West und Süd-Südwest stehen. In dieser Richtung liegt für mich die Zukunft, dort scheint die Erde reicher und noch weniger ausgebeutet zu sein. Die Grenzlinie meiner Wanderungen ergäbe keinen Kreis, sondern eine

Parabel, oder, besser: eine jener Kometenbahnen, die, wie man annimmt, ohne Rückkehr ins Unendliche kurven, in diesem Fall also nach Westen geöffnet, und den Platz der Sonne würde mein Haus einnehmen. Manchmal drehe ich mich eine Viertelstunde lang unschlüssig im Kreis, bevor ich mich zum tausendsten Mal dafür entscheide, nach Südwesten oder Westen zu wandern. Nach Osten gehe ich nur notgedrungen; nach Westen aber gehe ich freiwillig, und niemals aus einem besonderen Anlass. Ich kann einfach nicht glauben, dass es hinter dem östlichen Horizont freie, wilde Landschaften gibt. Nichts kann mich reizen, dorthinzuwandern, während ich glaube, dass der Wald, den ich am westlichen Horizont sehe, sich ununterbrochen bis zur untergehenden Sonne ausdehnt und dass die Dörfer oder Städte dort keine Ausmaße erreichen, die mich stören könnten. Wo auch immer ich lebe – liegt auf der einen Seite die Stadt, auf der anderen die Wildnis, so wende ich mich mehr und mehr von der Stadt ab und ziehe mich in die Wildnis zurück. Ich würde dem keine so große Bedeutung beimessen, wenn ich nicht glaubte, dass sich auch meine Landsleute nach Westen orientieren. Für mich heißt dies, gen Oregon zu wandern, nicht gen Europa. Dieser Drang hat die ganze Nation ergriffen, und ich möchte sogar sagen, dass die Menschheit insgesamt von Ost nach West fortschreitet. Innerhalb weniger Jahre haben wir das Phänomen miterlebt, dass bei der Besiedelung Australiens eine Migration südostwärts stattgefunden hat; aber diese Bewegung wirkt auf uns rückschrittlich und hat sich, dem moralischen und physischen Charakter der ersten Generation von Australiern nach zu urteilen, noch nicht als erfolgreiches Experiment erwiesen. Die östlichen Tataren glauben, dass es westlich von Tibet nichts mehr gibt. »Dort ist die Welt zu Ende«, sagen sie, »dahinter liegt nichts als ein uferloses Meer.« Wo sie leben, ist tiefster Osten.

Ostwärts gehen wir, um die Geschichte kennenzulernen, um die Werke der Kunst und Literatur zu studieren, indem wir unser Herkommen zurückverfolgen; wir gehen westwärts den Weg in die Zukunft, voller Unternehmungsgeist und Abenteuerlust. Der Atlantik ist ein Lethestrom; mit seiner Überquerung hatten wir die Möglichkeit, die Alte Welt und ihre Institutionen zu vergessen. Wenn das diesmal nicht gelingt, bleibt uns, bevor wir an den Ufern des Styx anlangen, als weitere Chance der Lethe des Pazifiks, der dreimal so breit ist.

Ich weiß nicht, wie bedeutsam es ist oder inwiefern es noch als Beweis seiner Einzigartigkeit gelten kann, wenn sich ein einzelner Mensch mit seiner kleinsten Wanderung in Übereinstimmung mit der allgemeinen Bewegung der Menschheit sieht. Doch ich weiß, dass etwas Ähnliches wie der Wandertrieb bei Vögeln und Vierbeinern in einigen Fällen auch die Eichhörnchen erfasst, sodass sie in eine rätselhafte Aufbruchsstimmung geraten und, wie beobachtet wurde, selbst den breitesten Fluss überqueren, indem sie auf Holzstücken erhobenen Schwanzes dahinsegeln und die kleineren Bäche mit ihren Toten überbrücken –, oder etwas wie der *furor*, der im Frühjahr das Vieh befällt und der auf eine Wurmkrankheit des Schwanzes zurückgeführt wird, der sich, zeitweilig oder dauerhaft, auf Nationen wie auf Individuen überträgt. Eine einzige Schar schnatternder Wildgänse, die über unsere Stadt hinwegrauscht, lässt den Wert der betroffenen Grundstücke erheblich sinken; als Makler müsste ich diese Belästigung ins Kalkül ziehen:

Dann drängt es das Volk, auf Wallfahrt zu gehn,
Und Pilger zieht es zu fernen Stränden.

[Geoffrey Chaucer]

Jeder Sonnenuntergang, dessen Zeuge ich bin, lässt in mir die Sehnsucht aufkommen, in einen Westen zu wandern, der so fern und so schön ist wie der, in welchem die Sonne niedersinkt. Sie scheint täglich westwärts zu wandern und lockt uns, ihr zu folgen. Sie ist die Große Pionierin des Westens, der die Nationen folgen. Die ganze Nacht träumen wir von den Gebirgskämmen am Horizont, obwohl es sich vielleicht nur um Wolkendunst handelt, den die Sonnenstrahlen vergolden. Die Insel Atlantis und die Inseln und Gärten der Hesperiden, dieses Paradieses auf Erden, scheinen der große Westen der Griechen und Römer gewesen zu sein, eingehüllt in Mysterium und Poesie. Wer hat nicht schon in seiner Phantasie, wenn er beim Sonnenuntergang den Himmel betrachtet, die Gärten der Hesperiden und den Ursprung all jener Mythen zu sehen geglaubt?

Stärker als irgendein anderer fühlte Kolumbus sich berufen, dem Weststreben nachzugeben; so entdeckte er eine Neue Welt für Kastilien und León. Damals witterte die Menschenherde den Duft frischer Weidegründe in der Ferne.

»Nachdem sie alle Hügel überschritten,
Sich in die Westbucht fallen ließ die Sonne;

Da ging ER auf, zerriss den Mantel blau.
Am Morgen dann der frische Wald, die
neue Au.«

[John Milton]

Wo auf dem Erdball findet sich ein Gebiet dieses Ausmaßes, das dem unserer Bundesstaaten gleichkäme, dabei so fruchtbar, so reich, so verschiedenartig in seinen Erzeugnissen, außerdem für Europäer so angenehm zu bewohnen? Michaux, der nur einen Teil davon kannte, sagt, dass »die großen Baumarten in Nordamerika viel zahlreicher sind als in Europa; in den Vereinigten Staaten gibt es mehr als einhundertvierzig Arten, die höher werden als dreißig Fuß. In Frankreich gibt es nur dreißig, die diese Höhe erreichen.« Moderne Botaniker können seine Beobachtungen nur bestätigen. Humboldt kam nach Amerika, um seine Jugendträume von einer tropischen Vegetation wahrzumachen, und er erblickte sie in ihrer großartigsten Vollendung in den urzeitlichen Wäldern des Amazonas, der gigantischsten Wildnis der Erde, die er dann so wortgewaltig beschrieben hat. Der Geograph Guyot, selbst ein Europäer, geht noch weiter – weiter, als ich bereit bin, ihm zu folgen; jedoch nicht, wenn er sagt: »Wie die Pflanze für das

Tier geschaffen ist, die Pflanzenwelt für die Tier-
welt, so ist Amerika für den Menschen der Alten
Welt vorgesehen … Der Mensch der Alten Welt
macht sich auf den Weg. Er verlässt die Hoch-
länder Asiens und steigt, Stadium für Stadium,
hinab in Richtung Europa. Jeder seiner Schritte
ist gekennzeichnet durch eine neue Zivilisation,
die der vorangegangenen an Entwicklungskraft
überlegen ist. Am Atlantik angekommen, hält
er am Ufer dieses unbekannten Ozeans, dessen
Grenzen er nicht kennt, inne, und für einen Augenblick macht er auf seinen Fußspuren kehrt.«
Nachdem er die reiche Erde Europas ausgeschöpft hat, setzt er, gekräftigt, »wie in frühester
Zeit seinen abenteuerlichen Weg nach Westen
fort«. So weit Guyot.

Mit diesem Westdrang, der zunächst auf die
Atlantikbarriere stieß, entwickelten sich Handel und Wirtschaft der Moderne. Der jüngere
Michaux sagt in seinen *Reisen westlich der Al-
leghanies im Jahr 1802*, dass die übliche Frage
im neu besiedelten Westen stets lautete: »Aus
welchem Teil der Erde stammst du?« Als wären
diese weiten und fruchtbaren Regionen von Natur aus der Ort der Begegnung und das gemein-
same Heimatland aller Erdbewohner.

Um ein altes lateinisches Wort zu gebrauchen,

könnte ich sagen: *Ex Oriente lux; ex Occidente frux*. Aus dem Osten das Licht, aus dem Westen die Frucht.

Sir Francis Head, englischer Reisender und Generalgouverneur Kanadas, sagt uns, dass »sowohl im Norden als auch im Süden der Neuen Welt die Natur ihre Werke nicht nur in viel größerem Maßstab entworfen, sondern das gesamte Bild auch in glänzenderen, weitaus köstlicheren Farben gemalt hat, als ihr für die Gestaltung und Verschönerung der Alten Welt vonnöten schien … Das Firmament Amerikas wirkt unendlich höher, der Himmel blauer, die Luft frischer, die Kälte stärker, der Mond sieht größer aus, die Sterne leuchten heller, es blitzt greller, donnert lauter, der Wind weht stürmischer, es regnet heftiger, die Berge sind höher, die Flüsse länger, die Wälder größer, die Ebenen weiter.« Diese Aussage sollte genügen, um Buffons Beschreibung dieses Teils der Welt und seiner Hervorbringungen etwas entgegenzusetzen.

Linné sagte vor langer Zeit: »*Nescio quae facies laeta, glabra plantis Americanis*« (Ich weiß nicht, warum das Aussehen amerikanischer Pflanzen so heiter und sanft ist). Es gibt in diesem Land, glaube ich, keine oder zumindest sehr wenige *Africanae bestiae*, afrikanische Raubtiere, wie sie die Römer nannten, sodass es auch in dieser Beziehung als Wohnstatt der Menschen besonders geeignet ist. Wir hören, dass keine drei Meilen vom Zentrum der ostindischen Stadt Singapur entfernt jährlich einige Bewohner von Tigern weggeschleppt werden; in Nordamerika dagegen kann der Reisende sich nachts fast überall in den Wäldern niederlegen, ohne sich vor wilden Tieren fürchten zu müssen.

Dieses sind ermutigende Zeugnisse. Wenn der Mond hier größer aussieht als in Europa, so gilt Gleiches wohl auch für die Sonne. Wenn der Himmel Amerikas unendlich höher erscheint und seine Sterne heller, dann vertraue ich darauf, dass diese Tatsachen symbolisch für die Höhe stehen, zu der die Philosophie, Dichtkunst und Religion ihrer Einwohner eines Tages aufsteigen werden. Dann wird dem amerikanischen Geist der geistige Himmel vielleicht um vieles höher erscheinen und das Sternenlicht seiner Erkenntnisse um vieles klarer. Denn ich glaube, dass das Klima auf den Menschen zurückwirkt – so wie etwas in der Bergluft liegt, das den Geist nährt und anregt. Wird der Mensch unter so günstigen Umständen geistig und körperlich nicht zu größerer Vervollkommnung heranreifen? Oder sollte es unwichtig sein, wie viele neblige Tage es in seinem Leben gibt? Ich bin davon überzeugt, dass unsere Phantasie reicher wird, dass unsere Gedanken klarer, frischer und luftiger werden, wie unser Himmel, dass unser Verstehen umfassender und weiträumiger wird, wie unsere Ebenen, dass wir zunehmen werden an Weisheit und Vernunft – der Gewalt unseres Donners, unserer Blitze, der Größe unserer Flüsse, Berge und Wälder angemessen; und unsere Seen ihre Entsprechung finden werden in der Weite, Tiefe und Erhabenheit unserer Herzen. Vielleicht wird der Reisende sogar in unseren Gesichtern etwas von *laeta* und *glabra* wahrnehmen, etwas Heiteres und Gelassenes, ohne dass er es in Worte fassen könnte. Welchem Ende sollte die Erde sonst entgegengehen, welchen Sinn hätte die Entdeckung Amerikas sonst gehabt?

Amerikanern sage ich damit nichts Neues:

> *Westwärts nimmt der Stern des Reiches seinen Weg.*

[George Berkeley]

Als wahrer Patriot sollte ich mich schämen zu denken, dass es Adam im Paradies im Ganzen besser erging als dem Hinterwäldler in unserem Land.

Unsere Zuneigung gilt hier in Massachusetts nicht allein Neuengland; zwar mögen wir uns dem Süden etwas entfremdet haben, aber für den Westen schlägt unser Herz. Dort liegt die Heimat der Jüngeren, die wie die Skandinavier zur See fuhren, um an ihr Erbe zu gelangen. Es ist zu spät, um Hebräisch zu lernen; es ist wichtiger, die Umgangssprache von heute zu verstehen.

Vor einigen Monaten habe ich mir ein Panoramabild des Rheins angesehen. Es war wie ein Traum aus dem Mittelalter. In meiner Phantasie, doch es war mehr als das, trieb ich den alten Strom hinab, unter Brücken hindurch, erbaut von den Römern und von späteren Helden erneuert, an Städten und Burgen vorbei, deren Namen allein Musik in meinen Ohren waren und von alten Sagen und Legenden kündeten: Ehrenbreitstein, Rolandseck und Koblenz – Namen, die ich bisher nur aus der Geschichte kannte. Hauptsächlich interessierten mich die Ruinen. Vom Fluss, von den Weinbergen und aus den Tälern schienen lautlose Melodien herüberzuschwingen, als stammten sie von Kreuzrittern, die zum Heiligen Land aufbrechen. Ich glitt dahin, verzaubert und entzückt, als wäre ich ins Heldenzeitalter versetzt worden und atmete die Atmosphäre des Rittertums.

Wenig später betrachtete ich ein Panorama des Mississippi, und als ich mich im Licht der Gegenwart den Fluss hinaufarbeitete und die Dampfschiffe Brennholz laden sah, die aufstrebenden Städte zählte, die jungen Ruinen von Nauvoo bestaunte, den Indianern nachblickte, die gen Westen über den Strom zogen, und so, wie ich zuvor die Mosel hinaufgeblickt hatte, nun den Ohio und den Missouri hinaufschaute und die Legenden von Dubuque und Wenona's Cliff hörte – noch immer stärker an die Zukunft denkend als an die Vergangenheit oder die Gegenwart –, da erkannte ich, dass dies ein anderer Rheinstrom war, dass die Grundmauern der Burgen erst noch zu legen und die berühmten Brücken noch über den Fluss zu schlagen waren; und ich spürte, dass *dies das Heldenzeitalter selbst war*, obwohl wir es nicht erkennen, denn Helden sind zumeist die einfachsten und unauffälligsten Menschen.

Der Westen, von dem ich spreche, ist lediglich ein anderer Name für Wildheit. Was ich zum Ausdruck bringen will, ist dies: Das Wilde sichert die Erhaltung der Welt. Jeder Baum schickt seine Wurzelfasern auf die Suche nach dem Wilden. Die Städte bemühen sich um jeden Preis, etwas davon zu bekommen. Ob sie das Land pflügen oder übers Meer segeln, die Menschen suchen danach. Wald und Wildnis verdankt die Menschheit stärkendes Tonikum, schützende Rinde. Unsere Vorfahren waren Wilde. Die Geschichte von Romulus und Remus, die von einer Wölfin gesäugt wurden, ist ja keine belanglose Sage. Jeder Staat, der zu einer gewissen Bedeutung gelangte, kann auf Gründer zurückblicken, die sich aus einer ähnlichen wilden Quelle nährten. Da die Nachfolger im Römischen Reich nicht mehr von der Wölfin gesäugt wurden, konnten sie von den Kindern aus nördlichen Wäldern, wo dies noch geschah, besiegt und verdrängt werden.

Ich glaube an den Wald, an die Wiese und an die Nacht, in der das Korn wächst. Für unseren Teeaufguss nehmen wir Triebe der Schierlingstanne oder Lebensbaumnadeln. Es besteht ein Unterschied zwischen dem Essen und Trinken, um sich zu stärken, und der bloßen Schlemmerei. Mit Begierde verschlingen die Hottentotten das Mark der Kudus und anderer Antilopen, natürlich roh. Einige unserer Indianer aus dem Norden essen das rohe Mark des arktischen Rentiers, aber auch andere Teile, darunter die Spitzen des Geweihs, solange diese weich sind. Und hierin sind sie Pariser Köchen möglicherweise überlegen. Sie nehmen das, was normalerweise ins Feuer geworfen wird. Das ist wahrscheinlich gesünder als das Fleisch des stallgemästeten Rindviehs oder des Schlachtschweins. Gebt mir eine Wildheit, deren Anblick keine Zivilisation ertragen kann, als lebten wir vom Mark roh verschlungener Kudus.

Es gibt Zwischentäler, die an Gebiete grenzen, wo die Walddrossel singt – wie gerne zöge ich dorthin, wildes Land, in dem sich noch kein Siedler niedergelassen hat, mit dem ich selbst aber vertraut bin.

Der Afrikajäger Cumming berichtet, dass die Haut von frisch getöteten Elenantilopen, wie auch die der anderen Antilopen, den herrlichsten Duft von Bäumen und Gras verströmt. Gliche doch jeder Mensch der wilden Antilope, wäre doch jeder Mensch so sehr der Natur verbunden, dass der Einzelne unseren Sinnen auf ebenso süße Weise seine Gegenwart anzeigte und uns an jene Bereiche der Natur erinnerte, in denen er sich am häufigsten aufhält. Es gibt für mich keinerlei Grund zum Spott, wenn der Mantel eines Trappers nach Bisamratte riecht; für mich ist das ein süßerer Duft als der, der für gewöhnlich von der Kleidung eines Händlers oder eines Gelehrten ausgeht. Wenn ich ihre Schränke öffne und ihre Kleidungsstücke in die Hand nehme, werde ich nicht an Grasebenen und blühende Wiesen erinnert, die sie aufgesucht haben könnten, sondern an staubige Wechselstuben und Bibliotheken.

Eine gebräunte Haut gebietet Achtung, ja Verehrung, und vielleicht ist Olivgrün eine passendere Farbe als Weiß für einen Mann, der in den Wäldern lebt. »Bleicher weißer Mann!«, bedauerten ihn die Afrikaner, was mich nicht wundert. Der Naturforscher Darwin sagt: »Ein Weißer, der neben einem Tahitianer badete, glich einer von gärtnerischer Kunst gebleichten Pflanze, während die andere edel wirkte, dunkelgrün, wie auf freiem Felde kraftvoll gediehen.«

Ben Jonson verkündet:

»Wie nah dem Guten ist das Schöne!«

Ich aber sage:

»Wie nah dem Guten ist das *Wilde*!«

Leben und Wildheit gehören zusammen. Das Lebendigste ist das Wildeste. Seine Gegenwart wirkt auf den Menschen, der es sich noch nicht unterworfen hat, erfrischend. Wenn einer unentwegt vorwärtsstrebte und sich niemals von seinen Mühen ausruhte, rasch erwachsen würde und dann unbegrenzte Forderungen an das Leben stellte, so fände er sich stets wieder in einem neuen Land, in neuer Wildnis, umgeben vom Rohstoff des Lebens. Und kletterte über die Stämme umgestürzter Urwaldbäume.

Hoffnung und Zukunft liegen für mich nicht in Rasenflächen und kultivierten Feldern, nicht in Dörfern und Städten, sondern in den unzugänglichen und glucksenden Sümpfen. Als ich früher einmal eine Farm kaufen wollte und mir meine Absichten klarzumachen versuchte, blieb mir als einzig plausible Erklärung, dass es in einer Ecke des Grundstücks ein paar Quadratmeter undurchdringlichen, unergründlichen Morastes gab, der mich faszinierte: eine natürliche Senke, ein Juwel, der mich blendete. Die Sümpfe, die mein Heimatstädtchen umgeben, haben einen größeren Einfluss auf mein Leben als die gepflegten Gärten im Ort. Meine Augen kennen keine reicheren Blumenrabatten als die dichten Beete der Zwergandromeda (*Cassandra calyculata*), die diese empfindlichen Stellen des Erdbodens bedecken. Die Botanik ist mir nur insoweit nützlich, als sie die Namen der Sträucher nennt, die dort im schwankenden Sumpfmoos wachsen: Hohe

Blaubeere, Rispenandromeda, Lorbeerrose, Aza-
lee und Rhodora. Oft denke ich, ich sollte vor
mein Haus massenweise mattrote Büsche pflanzen, weg mit all den Blumenkübeln und Rabatten,
mit umgepflanzten Fichten, in Form geschnitte-
nen Buchsbäumen, auch die Kieswege gehören
abgeschafft; damit ich ein fruchtbares Stück Moor
unter meinem Fenster habe statt der in ein paar
Schubkarren herbeigeschafften Erde, die doch
nur dazu dient, den beim Ausschachten des Kel-
lers aufgeworfenen Sand zu bedecken. Warum
nicht mein Haus, meine Wohnstube hinter einem
solchen Stück Land errichten statt hinter dieser
dürftigen Ansammlung von Kuriositäten, diesem armseligen Ersatz für Natur und Kunst, den
ich meinen Vorgarten nenne? Es macht nämlich
eine Menge Arbeit, alles einigermaßen ansehnlich
hinzubekommen, nachdem Zimmermann und
Maurer ihre Arbeit getan haben, und das alles
nicht nur für den Hausbewohner, sondern auch
für den Passanten! Selbst der geschmackvollste
Vorgartenzaun konnte mich bisher nicht veran-
lassen, ihm längere Überlegungen zu widmen.
Wie bald langweilten mich die kunstvollen Or-
namente, die eichelförmigen Lattenspitzen oder
welch toller Plunder auch immer – ja, ich fand
ihn einfach nur abscheulich. Richtet es so ein,

dass eure Türschwellen am Rande des Sumpfes liegen; es wird zwar nicht unbedingt einen trockenen Keller zur Folge haben, aber von dieser Seite bleiben euch die Bürger weg! In Vorgärten geht man nicht herum, allenfalls geht man durch sie hindurch; wer ins Haus will, kann ja die Hintertür benutzen.

Auch auf die Gefahr hin, dass ihr mich für verrückt haltet: Wenn man mich vor die Wahl stellte, neben dem schönsten Garten zu wohnen, den menschliche Kunst je hervorgebracht hat, oder aber bei einem schaurigen Sumpf, so entschiede ich mich ohne Zögern für den Sumpf. Wie sehr ihr euch auch um mich bemüht habt, Bürger: vergebens!

Je öder die Landschaft, desto mehr steigt mein Lebensmut. Gebt mir den Ozean, die Wüste oder die Wildnis! In der Wüste fehlen zwar Gewächse und Feuchtigkeit; sie entschädigt dafür aber mit reiner Luft und dem Alleinsein. Dazu äußert sich der Reisende Burton: »Die *Moral* bessert sich; du wirst offen und herzlich, gastfreundlich und aufrichtig … In der Wüste rufen geistige Getränke nur Widerwillen hervor. Rein animalisch zu leben dagegen verschafft große Freude.« Reisende, die lange durch die tatarische Steppe gezogen sind, berichten: »Als wir wieder in besiedelte Gebiete kamen, ergriff uns eine entsetzliche Beklemmung, die Luft schien uns wegzubleiben, jeden Augenblick dachten wir zu ersticken, so sehr bedrückten uns die Hetze und die chaotische Unruhe der Zivilisation.« Wenn ich wieder zu Kräften kommen will, suche ich den dunkelsten Wald auf, den schier endlosen und dichtesten, oder die Sümpfe, die dem Bürger am düstersten erscheinen. Ein Sumpfgebiet betrete ich wie einen geweihten Ort, ein *sanctum sanctorum*. Dort ist die Kraft, das Mark der Natur. Wildwuchs bedeckt die jungfräuliche Erde, ein Boden, der für Menschen so gut ist wie für Bäume. Damit ein Mensch gesund bleibt, bedarf er des Ausblicks auf so viele Morgen Wiese, wie seine Felder Ladungen von Dung benötigen. Dort sind die kräftigen Speisen, von denen er sich ernährt. Wenn eine Stadt überlebt, verdankt sie es nicht allein den ehrlichen Menschen, die in ihr wohnen, sondern ebenso den Wäldern und Sümpfen um sie herum. Eine Gemeinde, vor deren Toren ein urwüchsiger Wald sich erhebt und unter welchem ein anderer urwüchsiger Wald dahinmodert – eine solche Stadt bringt nicht nur Korn und Kartoffeln hervor, sondern auch Dichter und Denker für kommende Zeiten. Auf solchem Boden wuchsen Homer, Konfuzius und all die anderen heran, solcher Wildnis entstammt der Erneuerer, der Heuschrecken isst und wilden Honig.

Wilde Tiere vor dem Aussterben zu bewahren bedeutet im Allgemeinen, einen Wald für sie zu schaffen, wo sie leben und Zuflucht suchen können. Genauso ist es beim Menschen. Vor hundert Jahren verkaufte man auf unseren Straßen Baumrinde, abgeschält in unseren eigenen Wäldern. Jene starken Urbäume bargen eine derart gerbende Kraft, dass der bloße Anblick der Rinde genügte, die Gedanken der Menschen zu härten und zu festigen. Ach! Verglichen damit graut es mir vor der degenerierten Gegenwart meiner Heimatstadt, wo man kaum mehr eine Fuhre dicker Baumrinde zusammenbekommt und auch Teer und Terpentin nicht mehr hergestellt werden.

Urwüchsige Wälder, die langsam vermoderten, haben das Überleben zivilisierter Nationen – Griechenland, Rom, England – gesichert. Sie bestehen weiter, solange der Erdboden nicht völlig ausgebeutet ist. Wehe aber der menschlichen Kultur! Wenig ist von einer Nation zu erhoffen, deren pflanzliche Moderreserven erschöpft sind, die gezwungen ist, ihren Dünger aus den Knochen der Väter herzustellen. Dann zehrt der Dichter nur noch von seinem Fettpolster, und auch der Denker greift zurück auf das Mark seiner Knochen.

Es heißt, die Aufgabe des Amerikaners sei es, den »jungfräulichen Boden zu bearbeiten«; auch nehme »die Landwirtschaft hier bereits Ausmaße an, die anderswo unbekannt« seien. Ich glaube, dass der Farmer den Indianer deshalb verdrängt, weil er das Grünland aus seinem Urzustand erlöst und sich selbst dadurch stärker und in mancher Hinsicht natürlicher macht. Neulich habe ich für einen Mann eine schnurgerade Linie von einhundertzweiunddreißig Ruten vermessen, die mitten durch einen Sumpf ging, wo am Eingang die Worte hätten stehen können, die Dante über der Eingangspforte zur Hölle las: »Lasst alle Hoffnung fahren, wenn ihr hier hereinkommt« – die Hoffnung nämlich, jemals wieder herauszukommen. Einmal sah ich meinen Auftraggeber, wie er bis zum Hals in seinem Besitz steckte und um sein Leben schwimmen musste; dabei war es noch Winter. Ein weiteres, ähnliches Sumpfgebiet, das ihm gehörte, konnte ich unmöglich vermessen, denn es lag vollständig unter Wasser. Trotzdem sagte mir der Besitzer angesichts eines dritten Sumpfes, dessen Ausdehnung ich nur aus einiger Entfernung zu schätzen vermochte, dass seine innerste Überzeugung es ihm verbiete, dieses urschlammreiche Gebiet zu verkaufen, zu welchem Preis auch immer. Vielmehr beabsichtigte er, innerhalb von vierzig Monaten einen Gürtelgraben rund um das Ganze zu ziehen und es so durch die Zauberkraft seines Spatens zu erlösen. Ich erwähne ihn nur als einen typischen Vertreter der Leute seines Schlages.

Die Waffen, mit deren Hilfe wir die bedeutendsten Siege errungen haben und die der Vater dem Sohn als Erbstück weiterreichen sollte, sind nicht das Schwert und die Lanze, sondern Buschmesser, Torfstecher, Spaten und Hacke, rostig vom Blut der vielen Wiesen, verdreckt vom Staub der harten Arbeit auf den Feldern. Starke Winde bliesen das Maisfeld des Indianers ins Grasland und wiesen einen Weg, dem er nicht zu folgen vermochte. Für das Umgraben seines Landes hatte er nichts Besseres zur Verfügung als eine Muschelschale. Dagegen ist der Farmer mit Pflug und Spaten bewaffnet.

Was uns an der Literatur fasziniert, ist das Wilde. Das Zahme kann nur als Synonym für dumpfe Langweiligkeit gelten. Das unzivilisierte, freie, wilde Denken, das uns begeistert, lernen wir nicht in der Schule, sondern im *Hamlet*, in der *Ilias*, in allen heiligen Schriften und Mythologien. Wie die Wildente schöner und schneller

ist als ihre zahme Verwandte, so auch, der Stock-
ente gleich, der wilde Gedanke, wenn er im fal-
lenden Tau über den Mooren dahinschwingt.
Ein wirklich gutes Buch ist etwas so Natürli-
ches, Unerwartetes, unerklärlich Schönes und
Vollkommenes wie eine Wildblume, die in den
Prärien des Westens oder den Dschungeln des
Ostens entdeckt wird. Genie ist das Licht, das
die Dunkelheit sichtbar macht: ein Blitzstrahl,
der den Tempel des Wissens einstürzen lässt –
und keine dünne Wachskerze, die, am Herd des
Menschen entzündet, vor dem gewöhnlichen Tageslicht verblasst.

Die englische Literatur, von den Minnesängern
bis zu den »Lake Poets« – Chaucer, Spenser und
Milton, selbst Shakespeare –, lässt den frischen
Atem wilder Urzeiten vermissen. Es ist dem Wesen nach zahme, zivilisierte Literatur, die Griechenland und Rom widerspiegelt. Ihre Wildnis
ist ein grüner Wald, ihr wilder Mann ein Robin
Hood. Großartige Belege der Liebe zur Natur gibt es darin in Fülle, aber die Natur selbst
kommt selten genug vor. Aus ihren Chroniken
erfahren wir zwar, wann die wilden Tiere ausgestorben sind, nicht aber, wann es die letzten wilden Menschen gegeben hat.

Die Wissenschaft eines Humboldt ist eine Sache, eine andere ist die Dichtkunst. Der Dichter genießt heute, ungeachtet aller wissenschaftlichen Entdeckungen, aller angesammelten Kenntnisse der Menschheit, keine Vorteile gegenüber Homer.

Wo ist die Literatur, die der Natur Ausdruck verleiht? Das wäre ein Dichter, der Winde und Ströme sich untertan machen könnte, damit sie für ihn sprächen; der Worte auf ihren ursprünglichen Sinn festnagelte, wie die Farmer Pfähle in den Frühlingsboden treiben, die der Frost angehoben hat; der die Bedeutung der Wörter zurückverfolgte, sooft er sie benutzt, um sie dann mit der Erde, die an ihren Wurzeln haftet, in sein Schriftstück zu verpflanzen; dessen Worte so wahr, frisch und natürlich wären, dass sie aufsprängen wie die Knospen beim Nahen des Frühlings, obgleich sie halb erstickt zwischen zwei modrigen Blättern in einer Bibliothek liegen – ja, als erblühten sie in geheimer Harmonie mit der äußeren Natur und trügen Jahr für Jahr zum Wohle des getreuen Lesers ihre je eigenen Früchte.

Mir ist kein einziges poetisches Werk bekannt, das die Sehnsucht nach dem Wilden angemessen ausdrückt. Von dieser Seite betrachtet, ist die beste Poesie zahm. Wo könnte ich, ob in

alter oder neuer Literatur, eine mich zufrieden-
stellende Beschreibung jener Natur finden, mit
der ich vertraut bin? Nun, ich fordere da etwas,
was weder das Augusteische noch das Elisabe-
thanische Zeitalter, kurz gesagt gar keine *Kultur*
geben kann. Die Mythologie kommt dem aber
näher als alles andere. Wie viel fruchtbarer ist die
Natur, in der die griechische Mythologie wur-
zelt, als dies bei der englischen Literatur der Fall
ist! Die Mythologie ist die Frucht, welche die
Alte Welt hervorgebracht hat, bevor ihre Erde
erschöpft war, bevor der Mehltau ihre Phantasie
und Vorstellungskraft zerfraß: und noch immer
trägt sie dort gute Früchte, wo ihre ursprüngliche Kraft andauert. Alle anderen Literaturen
verharren nur wie die Ulmen, die unsere Häuser
überschatten; die Mythologie aber, ähnlich dem
großen Drachenbaum der Western Isles, ist so alt
wie die Menschheit und wird, solange diese exis-
tiert, ebenso fortbestehen, denn der Niedergang
anderer Literaturen erzeugt den Boden, auf dem
sie gedeiht.

Der Westen schickt sich an, seine Fabeln denen
des Ostens hinzuzufügen. Die Täler des Ganges,
des Nils und des Rheins haben ihre Ernte ein-
gebracht, nun bleibt abzuwarten, was die Täler
des Amazonas, des Rio de la Plata, des Orinoco,

des Sankt-Lorenz-Stroms und des Mississippi hervorbringen werden. Wenn im Laufe der Jahrhunderte die amerikanische Freiheit eine Erzählung aus der Vergangenheit geworden sein wird, wie sie in gewissem Maße eine Fiktion der Gegenwart ist, werden sich die Dichter der Welt vielleicht von der amerikanischen Mythologie inspirieren lassen.

Auch wenn die wildesten Träume wilder Menschen nicht immer englischer und amerikanischer Vernünftigkeit entsprechen, sind sie deswegen nicht weniger wahr. Der gesunde Menschenverstand hat die Wahrheit keineswegs gepachtet. In der Natur haben die wilde Klematis wie auch der Kohl ihren Platz. Manchmal wollen Wahrheitsäußerungen an etwas erinnern, manchmal sind sie bloß *vernünftig*, wie gesagt wird, wieder andere sind prophetisch. Es gibt sogar Krankheitsformen, die auf bestimmte Gesundungsentwicklungen hindeuten. Geologen haben herausgefunden, dass Wappenfiguren wie Schlange, Greifvögel, fliegende Drachen und anderer phantasievoller Schmuck Urbilder fossiler Arten sind, die, lange bevor der Mensch geschaffen wurde, ausgestorben waren und über die Zeiten hinweg »auf eine schwache und schemenhafte Kenntnis von früheren Stadien organischen

Lebens verweisen«. Den Hindus war die Vorstellung eigen, die Erde ruhe auf einem Elefanten, der Elefant wiederum auf einer Schildkröte und die Schildkröte auf einer Schlange; und obwohl es eine unbedeutende Übereinstimmung sein mag, wird dies hier nicht der falsche Ort sein festzustellen, dass kürzlich in Asien das Fossil einer Schildkröte gefunden wurde, die groß genug war, einen Elefanten zu tragen. Ich gestehe, dass ich für wildes Phantasieren dieser Art, das über die Ordnungen von Zeiten und Evolutionen hinausgeht, eine Vorliebe habe. Dies ist eine erhabene Erquickung des Geistes. Das Rebhuhn liebt Erbsen, aber nicht die, die mit ihm in den Kochtopf wandern.

Kurz gesagt, alle guten Dinge sind wild und frei. Es liegt etwas im Wesen der Musik, ob sie nun von einem Instrument oder von der menschlichen Stimme erzeugt wird – man denke zum Beispiel an den Klang des Waldhorns in einer Sommernacht –, das mich in seiner Wildheit, und das meine ich nicht ironisch, an die Schreie wilder Tiere in ihren Heimatwäldern gemahnt. Hierin liegt so viel von ihrer Wildheit, wie ich verstehen kann. Lasst meine Freunde und Nachbarn wilde Menschen sein, nicht zahme Leute! Die Wildheit des Wilden ist nur ein schwaches Symbol für die schreckliche Wildheit, mit der sich gute Menschen und Liebende begegnen.

Auch sehe ich es gern, wenn domestizierte Tiere ihre angeborenen Rechte wieder geltend machen: ein kleiner Beweis dafür, dass sie ihre ursprüngliche, wilde Verhaltensweise und Kraft noch nicht gänzlich eingebüßt haben; wenn zum Beispiel die Kuh meines Nachbarn zu Beginn des Frühlings aus ihrer Weide ausbricht und kühn den Fluss durchschwimmt, ein kaltes, graues, etwa fünfundzwanzig bis dreißig Ruten breites Gewässer, das durch die Schneeschmelze angeschwollen ist. Und dann der Büffel, der den Mississippi durchquert: diese Heldentat verleiht in meinen Augen der ohnehin eindrucksvollen Herde zusätzlich Würde. Selbst unter dem dicken Fell der Rinder und Pferde bleibt die Saat des Instinkts erhalten wie das Samenkorn im Erdboden, auf unbestimmte Zeit.

Bei Rindern erwartet man eigentlich keine Verspieltheit. Eines Tages aber sah ich etwa ein Dutzend Ochsen und Kühe lustig durcheinanderlaufen und schwerfällig herumhüpfen wie riesige Ratten oder auch Katzen. Sie schüttelten ihre Köpfe, erhoben ihre Schwänze und stürmten den Hügel hinauf und hinunter, und nicht nur ihre Hörner, nein, ihre ganzen Bewegungen ließen mich ihre Verwandtschaft zum Rotwild erkennen. Aber ach! Ein plötzliches lautes *Brr!* hätte ihr ungestümes Spiel sogleich gedämpft und sie auf der Stelle zurückverwandelt vom Wild zum Rindvieh, dessen Flanken und Sehnen sich versteifen wie bei einer Lokomotive. Wer anders als der Böse kann den Menschen so unnatürliche Laute wie »Brr!« beigebracht haben? In der Tat, nicht nur das Leben des Viehs, sondern auch das des Menschen hat etwas Lokomotivenartiges an sich. Beide setzen ihre Gelenke mechanisch in Gang, und mit seinen Maschinen hat sich der Mensch Pferd und Ochs auf halbem Wege angenähert. Welchen Teil auch immer die Peitsche berührt hat, er ist von nun an gelähmt. Wer käme auf die Idee, bei auch nur einem Vertreter aus der geschmeidigen Katzenfamilie von einer Flanke zu sprechen, wie wir das beim Rindvieh tun?

Es freut mich, dass Pferde und Stiere zunächst gezähmt werden müssen, bevor man sie zu Sklaven des Menschen machen kann; und dass selbst die Menschen noch etwas wilden Hafer zum Aussäen übrighaben, bevor sie zu gehorsamen Gliedern der Gesellschaft werden. Kein Zweifel, nicht alle Menschen taugen gleich gut als Untertanen; und obwohl die meisten, wie auch Hunde und Schafe, ihrer Veranlagung gemäß bereits zahm zur Welt kommen, ist dies kein Grund, auch die übrigen in ihrer Eigenart zu brechen und sie auf das Einheitsmaß der Mehrheit zu erniedrigen. Im Großen und Ganzen sind die Menschen gleich, und doch hat jeder einzelne, um der Vielfalt willen, seine Besonderheit. Wenn eine Aufgabe von geringerer Bedeutung erledigt werden soll, so tut dies der eine Mensch mehr oder weniger so gut wie der andere; bei höheren Anforderungen ist die individuelle Leistungs-fähigkeit zu berücksichtigen. Ein jeder vermag ein Loch zu stopfen, um den Wind abzuhalten, aber kein anderer verfügt über die so seltene Be-gabung wie der Autor dieses Bildes. Konfuzius sagt: »Die gegerbte Haut des Tigers oder des Le-oparden ist die gleiche wie die Haut von Hund oder Schaf, wenn sie gegerbt wurde.« Aber es ist nicht die Aufgabe echter Kultur, Tiger zu zäh-men, wie es auch nicht ihre Aufgabe ist, Schafe verwildern zu lassen. Und der beste Nutzen, dem sie dienen können, ist bestimmt nicht der, aus ihren gegerbten Häuten Schuhe herzustellen.

Wenn ich mir die Namen einer Reihe von Män-nern fremder Sprache ansehe, zum Bespiel von Offizieren oder von Schriftstellern, die etwas zu einem bestimmten Thema geschrieben haben, werde ich wieder einmal daran erinnert, dass der Name selbst gar nichts besagt. Der Name Menschikoff beispielsweise hat für meine Ohren nichts Menschlicheres an sich als ein Schnurrbart, und der könnte auch einer Ratte gehören. Wie die Namen von Polen und Russen auf uns wirken, so wirken unsere auf sie. Sie hören sich an, als wären es Kinderreime: *sibeti bibeti bonchen battchen, sibeti bibeti buff.* Vor meinem geistigen Auge sehe ich eine Herde wilder Geschöpfe, die über die Erde ausschwärmen, und jedem hat der Hirte irgendeinen barbarischen Laut in seiner eigenen Mundart zugewiesen. Die Namen der Menschen sind dabei natürlich so simpel und bedeutungslos wie etwa die Hundenamen »Bose« und »Tray«.

Philosophisch wäre es wohl von Vorteil, wenn die Menschen lediglich nach dem benannt würden, was allgemein von ihnen bekannt ist. Es würde genügen, das Geschlecht zu kennen, vielleicht noch Rasse und Stamm, um von den einzelnen etwas zu wissen. Wir sind ja auch nicht bereit zu glauben, dass jeder einfache Soldat im römischen Heer einen eigenen Namen trug, weil wir ihm gar keinen individuellen Charakter zugestehen.

Spitznamen sind gegenwärtig unsere einzigen

echten Namen. Ich kannte einen Jungen, der seiner besonderen Kraft wegen von seinen Spielkameraden »Buster« genannt wurde – ein treffender Ersatz für seinen Taufnamen. Einige Reisende berichten uns, dass einem Indianer zunächst kein Name gegeben wurde, er musste ihn sich erst verdienen, sein Name war seine Auszeichnung, und bei einigen Stämmen erhielt er mit jeder neuen Heldentat einen neuen Namen. Wie jämmerlich, wenn jemand aus Bequemlichkeit irgendeinen Namen trägt, obwohl er sich weder einen Namen noch einen Ruf erworben hat.

Ich akzeptiere es einfach nicht, dass bloße Namen zu Unterscheidungen zwischen Menschen führen, sondern ich nehme die Menschen weiterhin als Herden wahr. So vertraut mir auch ein Name ist, sein Träger ist mir deswegen nicht weniger fremd. Vielleicht gehört er ja einem Wilden, der seinen eigentlichen Urnamen, den er sich in den Wäldern erworben hat, verborgen hält. In jedem von uns steckt ein ungebändigter Wilder, und irgendwo wird auch unser wahrer Wildname niedergeschrieben sein. Ich sehe, dass mein Nachbar, der schlicht William oder Edwin heißt, seinen Vornamen mit der Jacke ablegt. Er gehört nicht eigentlich zu ihm, wenn er schläft oder verärgert ist, wenn die Leidenschaft oder spontane

Einfälle von ihm Besitz ergreifen. Mir ist dann, als riefe mir jemand aus seiner Verwandtschaft seinen ursprünglichen wilden Namen zu, in einer teils zungenbrecherischen, teils melodiösen Sprache.

Die Natur: unsere riesige, wilde, brüllende Mutter, die da ist allüberall, von solcher Schönheit, mit solcher Liebe für ihre Kinder wie die Leopardin; und doch werden wir so schnell von ihrer Brust entwöhnt, um gesellschaftsfähig zu werden, um einer Kultur anzugehören, die nichts weiter darstellt als eine Interaktion zwischen Menschen, eine Art fortgesetzter Inzucht, die als Höchstleistung den englischen Adel hervorbringt, eine Zivilisation, vorherbestimmt für ein rasches Ende.

In der Gesellschaft, in ihren besten Einrichtungen lässt sich bei jungen Menschen leicht eine gewisse Frühreife entdecken. Wenn wir noch heranwachsende Kinder sein sollten, sind wir bereits kleine Erwachsene. Gebt mir eine Kultur, die immer wieder den Schlamm von den Sumpfwiesen und Feldern holt, um den Boden anzureichern, verschont mich mit einer Kultur, die allein auf Hitzedüngemittel, verbesserte Geräte und rationellere Anbaumethoden vertraut.

So mancher bedauernswerte Student mit ge-
röteten Augen, von dem ich gehört habe, würde
schneller an körperlicher und geistiger Reife zunehmen, wenn er, anstatt abends lange aufzublei-
ben, sich die Narrenfreiheit nähme, früh schlafen
zu gehen.

Es könnte gar ein Übermaß an erhellendem
Licht geben. Der Franzose Niépce entdeckte die
»Aktinität«, jene Kraft in den Sonnenstrahlen,
die einen chemischen Effekt hat: dass nämlich
Granitblöcke, Steinbauten und Metallstatuen
»zerstörerisch vom Sonnenschein angegriffen
werden und, der feinsten Berührung von Wirk-
kräften des Universums ausgesetzt, bald dem
Untergang geweiht wären, wenn nicht die Natur
ein wundervolles Gegenmittel geschaffen hätte«.
Und er fand heraus, dass »jene Körper, die bei
Tageslicht einer solchen Veränderung unterlie-
gen, die Kraft besitzen, ihre ursprüngliche Be-
schaffenheit während der Nachtstunden, wenn
die Sonnenreize sie nicht mehr beeinflussen, wie-
derherzustellen«. Daraus folgerte er, dass »die
Stunden der Dunkelheit genauso notwendig für
die anorganische Schöpfung sind wie Nacht und
Schlaf für den organischen Bereich«. Selbst der
Mond scheint nicht jede Nacht, sondern macht
der Dunkelheit Platz.

Der Gedanke ist mir zuwider, dass jeder Mensch, jeder Teil des Menschen kultiviert sein müsste, wie ich es auch nicht ertragen könnte, wenn jeglicher Hektar Erde kultiviert wäre: Ein Teil mag Ackerland sein, aber der größere Teil sollte Wiesen und Wäldern vorbehalten bleiben und keinem unmittelbaren Zweck dienen, sondern durch die jährliche Verwesung der Vegetation, die er trägt, für fernere Zeiten den Humus bilden.

Für ein Kind gibt es noch andere Buchstaben zu erlernen als jene, die Kadmos erfand. Die Spanier haben eine gute Bezeichnung für dieses wilde und dunkle Wissen: *gramática parda*, gelbbraune Grammatik, abgeleitet von derselben Leopardin, die ich bereits erwähnt habe.

Wir haben von einer »Gesellschaft zur Verbreitung nützlichen Wissens« gehört. Es wird gesagt, dass Wissen Macht bedeutet und dergleichen mehr. Mir scheint, dass ein ebensolcher Bedarf für eine »Gesellschaft zur Verbreitung nützlicher Unwissenheit« besteht, die wir »Wundervolles Wissen« nennen wollen, ein Wissen, das in einem höheren Sinne nützlich ist, denn das meiste unseres sogenannten Wissens, dessen wir uns rühmen, ist nichts anderes als die Einbildung, etwas zu wissen, sodass wir uns des Vorteils unserer tatsächlichen Unwissenheit berauben. Das, was wir Wissen nennen, ist oft unsere positive Unwissenheit, Unwissenheit aber unser negatives Wissen. Über lange Jahre des geduldigen Fleißes und der Lektüre von Zeitschriften – denn stellen die wissenschaftlichen Bibliotheken etwas anderes dar als Zeitschriftenarchive? – sammelt der Mensch eine Myriade von Fakten an, speichert sie in seinem Gedächtnis, und wenn er dann eines Frühlingstages seines Lebens in die weiten Felder des Nachdenkens hineinschlendert, geht er, könnte man sagen, zum Grasen auf die Weide wie ein Pferd und lässt sein Geschirr im Stall zurück. Der »Gesellschaft zur Verbreitung nützlichen Wissens« würde ich manchmal gern sagen: »Geht auf die Weide. Ihr habt lange genug Heu gefressen. Der Frühling ist da mit seinen grünen Halmen.« Selbst die Kühe werden vor Ende Mai auf die Weiden getrieben, obwohl ich von einem unnatürlichen Bauern gehört habe, der seine Kuh im Stall behielt und das ganze Jahr hindurch mit Heu fütterte. So behandelt die »Gesellschaft zur Verbreitung nützlichen Wissens« häufig ihr Vieh.

Die Unwissenheit eines Menschen ist manchmal nicht nur nützlich, sondern sogar schön, während sein sogenanntes Wissen oft mehr als nutzlos ist, und außerdem hässlich. Mit welchem

Menschen hat man es lieber zu tun – mit dem, der nichts zu einem Thema zu sagen hat und, was äußerst selten ist, weiß, dass er nichts weiß, oder mit dem, der darüber einiges weiß und glaubt, er wisse alles?

Mein Verlangen nach Wissen setzt zeitweilig aus, dagegen habe ich ein fortwährendes, dauerhaftes Verlangen danach, meinen Kopf in Atmosphären zu baden, die meinen Füßen unbekannt sind. Das Höchste, was wir erreichen können, ist nicht Wissen, sondern Einklang, verbunden mit Einsicht. Ich weiß nicht, ob sich aus diesem höheren Wissen etwas Bestimmteres ergeben wird als die neue, große Überraschung, die plötzliche Offenbarung, wie unzulänglich all das ist, was wir zuvor Wissen nannten, die Entdeckung, dass es zwischen Himmel und Erde mehr Dinge gibt, als unsere Schulweisheit sich träumen lässt. Es ist, wie wenn das Sonnenlicht den Nebel erhellt. Mehr kann ein Mensch in einem höheren Sinne nicht wissen, ebenso wenig wie er heiter und ungestraft in das Antlitz der Sonne schauen kann: Ὅς τὶ νοῶν, οὐ κεῖνον νοήσεις, – »Du wirst dies nicht so erkennen, wie du irgendein Ding erkennst«, sagt das Chaldäische Orakel.

Es liegt etwas Unterwürfiges in der Angewohnheit, nach einem Gesetz zu suchen, dem wir gehorchen können. Wir mögen zwar nach Belieben die Gesetze der Materie zu unserem Nutzen studieren, aber ein erfolgreiches Leben kennt kein Gesetz. Gewiss, es ist eine unglückselige Erkenntnis, dass es ein Gesetz gibt, das uns bindet, während wir bisher nicht wussten, dass wir gebunden waren. Lebe frei, Kind des Nebels – und in den Grenzen der Wissenschaft sind wir alle Kinder des Nebels. Der Mensch, der sich die Freiheit nimmt zu leben, ist dank seiner Verbindung zum Gesetzgeber über alle Gesetze erhaben. »Wahre Pflichterfüllung bedeutet«, sagt das Vishnu Purana, »unsere Zwänge nicht zu vermehren; das ist Wissen, was unserer Befreiung dient; alle übrigen Pflichten führen nur zu Ermüdung; alles andere Wissen ist nur die Geschicklichkeit eines Artisten.«

Es ist auffällig, wie wenige umwälzende Ereignisse oder Krisen es in unseren Lebensgeschichten gibt, wie wenig geübt unsere Geisteskräfte sind, wie wenige neue Erfahrungen wir gemacht haben. Zu gern hätte ich die Gewissheit, zügig und üppig zu wachsen, auch wenn mein Wachstum diesen dumpfen Gleichmut störte – und wäre es ein Kampf durch lange, dunkle, schwüle Nächte und Zeiten der Düsternis. Es wäre nicht übel, wenn unser ganzes Leben eine göttliche Tragödie wäre anstatt dieser trivialen Komödie oder Posse. Dante, Bunyan und andere scheinen in ihren Geisteskräften geübter gewesen zu sein als wir. Sie hatten es mit einer Art von Kultur zu tun, von der es an unseren Distriktschulen und Colleges überhaupt keine Vorstellung gibt. Selbst Mohammed – auch wenn viele bei seinem Namen aufschreien werden – hatte sehr viel mehr, wofür es sich zu leben und, ja, zu sterben lohnte, als jene es gemeinhin haben.

Wenn man, selten genug, mit einem Gedanken beschäftigt ist und vielleicht gerade an einer Bahnstrecke entlanggeht, dann ist der Zug, der tatsächlich vorbeifährt, gar nicht zu hören. Aber bald, einem unerbittlichen Gesetz folgend, geht unser Leben weiter, und der Zug kehrt zurück.

»Sanfte Brise, unbemerkt ziehst du vorbei
und beugst die Disteln um Loira im Sturm,
du Reisende in windigen Tälern,
so schnell meinem Ohr entwichen, warum?«

[Ossian]

Während fast alle Menschen eine Anziehungskraft spüren, die sie an die Gesellschaft bindet, werden nur wenige heftig von der Natur angezogen. In ihrer Reaktion auf die Natur erscheinen mir die Menschen größtenteils – ungeachtet ihrer Künste – niedriger als Tiere. Selten ist ihr Verhältnis zur Natur so schön, wie es bei den Tieren der Fall ist. Wie wenig Wertschätzung haben wir für die Schönheit der Landschaft! Uns ist gesagt worden, dass die Griechen die Welt Κόσμος, also Schönheit oder Ordnung, nannten, aber wir begreifen nicht recht, warum sie dies taten, und wir würdigen es höchstens als eine kuriose philologische Gegebenheit.

Was mich betrifft, so fühle ich, dass ich hinsichtlich der Natur ein Grenzleben führe: an der Schwelle zu einer Welt, in die ich nur gelegentliche und flüchtige Streifzüge unternehme, und mein Patriotismus, meine Treue gegenüber dem Staat, in dessen Hoheitsgebiete ich mich zurückzuziehen scheine, sind die eines Strauchdiebs. Für ein Leben, das ich natürlich nenne, folgte ich liebend gern selbst einem Irrlicht durch Sümpfe und unvorstellbaren Morast; aber kein Mond, kein Glühwürmchen hat mir bisher den Dammweg dorthin gezeigt. Die Natur ist eine Persönlichkeit, so gewaltig, so allumfassend, dass wir bisher keines ihrer wesentlichen Merkmale wahrgenommen haben. Der Wanderer, der durch die vertrauten Felder streift, die sich rings um meine

Heimatstadt erstrecken, entdeckt manchmal ein anderes Land, als es in den Grundbüchern ihrer Besitzer beschrieben ist – es ist ihm, als läge es auf einem weit entfernten Feld an den Grenzen des eigentlichen Concord, wo seine Gerichtsbarkeit aufhört und die Vorstellung, die das Wort Concord sonst wecken mag, dort nicht mehr geweckt wird. Diese Farmen, die ich selbst vermessen habe, die Grenzen, die ich ausgewiesen habe, verschwimmen wie im Nebel, kein chemisches Mittel könnte ihnen Festigkeit verleihen, sie schwinden von der Oberfläche des Glases dahin, und schwach tritt das Bild zutage, das der Maler malte. Die Welt, mit der wir im Allgemeinen vertraut sind, hinterlässt keine Spuren, und es wird keinen Gedenktag für sie geben.

Kürzlich machte ich nachmittags einen Gang über Spauldings Farm. Ich sah, wie die untergehende Sonne den gegenüberliegenden stattlichen Kiefernwald erhellte. Ihre goldenen Strahlen liefen durch die Schneisen des Waldes wie durch die Halle eines edlen Anwesens. Ich war beeindruckt; es war, als hätte sich dort in jenem Teil von Concord, der mir unbekannt war, eine altehrwürdige, ganz und gar bewundernswerte, glanzvolle Familie niedergelassen, deren Dienerin die Sonne war und die sich der Gesellschaft des Ortes nicht angeschlossen hatte, wie auch niemand bei ihnen einen Besuch machte. Ich sah, durch den Wald hindurch, ihren Park, ihre Spielwiesen, auf Spauldings Cranberrygelände. Die hochgewachsenen Kiefern dienten ihrem Haus, das der Sicht entzogen war, als Giebel; Bäume wuchsen hindurch. Hörte ich nicht Laute gedämpfter Fröhlichkeit? Sie schienen behaglich auf den Sonnenstrahlen zu ruhen. Sie haben Söhne und Töchter. Es geht ihnen gut. Dass des Farmers Feldweg mitten durch ihre Halle führt, stört sie überhaupt nicht, wie ja auch der Himmel, der sich in einem Teich spiegelt, manchmal dessen schlammigen Grund sehen lässt. Sie haben nie etwas von Spaulding gehört und wissen nicht, dass er ihr Nachbar ist – ich freilich habe ihn pfeifen hören, als er sein Gespann durch das Haus lenkte. Nichts kommt der heiteren Ruhe ihres Lebens gleich. Ihr Wappenzeichen ist einfach eine Flechte. Ich sah es auf die Kiefern und Eichen gemalt. In den Baumwipfeln lag ihr Dachgeschoss. Sie kümmern sich nicht um Politik. Keinerlei Arbeitslärm war zu vernehmen. Ich konnte nicht erkennen, ob sie webten oder spannen. Doch als der Wind sich legte und nichts sonst zu hören war, nahm ich das feinste melodische süße Summen wahr, das man sich vorstellen kann, wie von einem fernen Bienenstock im Mai – es war vielleicht der Klang ihres Denkens. Sie hatten keine nichtigen Gedanken, und niemand außerhalb konnte ihre Arbeit sehen, denn ihre Geschäftigkeit äußerte sich nicht in Knoten und Verdickungen.

Aber es fällt mir schwer, mich an sie zu erinnern. Unwiederbringlich zerrinnen sie vor meinem geistigen Auge, selbst jetzt, während ich darüber spreche und mich bemühe, sie in mein Gedächtnis zurückzurufen und mich zu besinnen. Erst nach langer, ernsthafter Anstrengung, wenn ich meine besten Gedanken wieder beieinanderhabe, sind mir diese Mitbewohner wieder gegenwärtig. Gäbe es solche Familien hier nicht, ich glaube, ich zöge fort aus Concord.

Wir haben uns hier in Neuengland daran gewöhnt zu sagen, dass jedes Jahr immer weniger Tauben zu uns kommen. Unsere Wälder liefern ihnen kein Futter mehr. Ebenso scheint es, dass den Menschen, wenn sie älter werden, von Jahr zu Jahr weniger Gedanken kommen, denn der Hain unseres Geistes ist abgeholzt – verkauft, um nutzlose Flammen des Ehrgeizes zu nähren, oder zur Sägemühle gebracht –, und so ist für sie kaum ein Zweig übrig, um sich darauf niederzulassen. Sie bauen keine Nester mehr und brüten nicht mehr bei uns. Vielleicht, zu einer freundlicheren Jahreszeit, huscht noch ein schwacher Schatten über die Landschaft des Geistes, den die Schwingen eines Gedankens auf seiner Frühlings- oder Herbstwanderung werfen; aber wenn wir dann aufblicken, sind wir unfähig, den Kern des Gedankens wahrzunehmen. Unsere beflügelten Gedanken haben sich in Federvieh verwandelt, das nicht mehr aufzusteigen vermag und nur noch die Größe von Shanghai- oder Cochinchina-Hühnern erreicht. Welch groooßartige Gedanken, welch groooßartige Männer, von denen wir hören!

Wir klammern uns an die Erde – wie selten wir uns erheben! Ich meine, wir sollten etwas mehr an Höhe gewinnen. Wir könnten wenigstens auf einen Baum klettern. Einmal, als ich einen Baum bestieg, bin ich wahrlich auf meine Kosten gekommen. Es war eine große Weymouthskiefer auf der Höhe eines Hügels; und obwohl ich ziemlich viel Harz abbekam, wurde ich gut dafür belohnt, denn ich entdeckte neue Berge am Horizont, die ich zuvor nie gesehen hatte: so viel mehr von Himmel und Erde. Ich hätte noch ewig und drei Tage am Fuße des Baumes herumwandern können, und doch hätte ich sie sicherlich nicht gesehen. Vor allem aber entdeckte ich – es war gegen Ende Juni – um mich herum, und zwar nur an den Spitzen der höchsten Zweige, einige winzige und zarte, kegelförmige rote Blüten: die fruchtbare Blüte der Weymouthskiefer, dem Himmel zugewandt. Ich trug den Wipfelzweig sofort in die Stadt und zeigte ihn den fremden Geschworenen, die durch die Straßen gingen – es war nämlich Gerichtswoche –, außerdem Farmern, Holzhändlern, Baumfällern und Jägern, und nicht einer hatte dergleichen jemals gesehen, und sie waren darüber erstaunt, als wäre ein Stern vom Himmel gefallen. Nennt mir antike Baumeister, die ihr Werk auf den Spitzen der Säulen ebenso schön vollendet hätten wie auf den niedrigeren und besser sichtbaren Teilen! Von Anfang an hat die Natur die winzigen Blüten der Wälder zum Himmel ausgerichtet, hoch über den Köpfen der Menschen, von ihnen unbemerkt. Wir sehen nur die Blumen, die zu unseren Füßen auf den Wiesen wachsen. Seit Urzeiten entfalten die Kiefern jeden Sommer ihre zarten Blüten auf den höchsten Zweigen des Waldes, über den Köpfen der roten wie der weißen Kinder der Natur, doch kaum ein Farmer oder Jäger im Land hat sie jemals gesehen.

Vor allem können wir es uns nicht leisten, nicht in der Gegenwart zu leben. Der ist gesegnet vor allen Sterblichen, der keinen Augenblick des vergehenden Lebens damit verliert, der Vergangenheit nachzuhängen. Wenn unsere Philosophie nicht jeglichen Hahnenschrei von den Bauernhöfen der Umgebung wahrnimmt, bleibt sie hinter der Zeit zurück. Dieser Laut erinnert uns normalerweise daran, dass wir in unseren geistigen Beschäftigungen und Gewohnheiten rostig werden und veralten. Die Philosophie des Hahns befasst sich mit einer jüngeren Zeit als unsere – ein neueres Testament klingt hier an: das Evangelium des jetzigen Augenblicks. Er ist nicht zurückgeblieben; früh ist er aufgestanden und aufgeblieben; dort zu sein, wo er ist, bedeutet für ihn, zur rechten Zeit am rechten Ort zu sein, im vordersten Rang der Zeit. Auf diese Weise drückt die Natur ihr Wohlbefinden aus: ein überschwängliches Rühmen hinaus in alle Welt, Gesundheit wie von frischen Wassern, ein neuer Musenquell, um diesen jüngsten Augenblick der Zeit zu feiern. Wo er lebt, werden keine Gesetze gegen flüchtige Sklaven erlassen. Wer hat seinen Herrn nicht schon viele Male verraten, seit er diesen Klang zuletzt gehört hat?

Der Vorzug des Gesangs dieses Vogels liegt

darin, dass er frei ist von aller Wehleidigkeit. Ein Sänger kann uns leicht zu Tränen rühren oder zum Lachen bringen, aber wo ist der, der in uns die reine Morgenfreude weckt? Höre ich des Sonntags, wenn ich trüben Sinnes auf unseren hölzernen Gehsteigen mit schweren, dumpfen Schritten die schreckliche Stille breche oder vielleicht in einem Trauerhaus Totenwache halte – höre ich dann von fern oder nah einen jungen Hahn krähen, denke ich mir: »Wenigstens einem von uns geht es gut.« Und urplötzlich hellen sich meine Sinne auf.

Eines Tages im letzten November hatten wir einen bemerkenswerten Sonnenuntergang. Ich ging über eine Wiese, wo ein kleiner Bach entsprang, als die Sonne, kurz bevor sie nach einem kalten, grauen Tag unterging, schließlich eine klare Luftschicht am Horizont erreichte, und das sanfteste, leuchtendste Morgensonnenlicht fiel auf das trockene Gras, auf die Baumstämme am gegenüberliegenden Horizont und auf die Blätter der Buscheichen am Hügelhang, während unsere Schatten sich lang über die Wiese ostwärts streckten, als wären wir die einzigen Stäubchen in ihren Strahlen. Nur einen Augenblick vorher hätten wir uns ein solches Licht nicht vorstellen können, und auch die Luft war so warm und heiter, dass nichts fehlte, um diese Wiese in ein Paradies zu verwandeln. Als wir darüber nachdachten, dass dies kein einmaliges Phänomen war, das niemals wiederkehren sollte, sondern wieder und wieder an unzähligen Abenden sich ereignen und selbst das letzte Kind, das dort herliefe, erfreuen und beruhigen würde – da wirkte es auf uns noch herrlicher.

Die Sonne senkt sich über eine brachliegende Wiese, wo kein Haus zu sehen ist, mit aller Pracht und Herrlichkeit, mit der sie auch die Städte überhäuft, und wie sie vielleicht noch niemals untergegangen ist – dort, wo nur ein einsamer Falke sich die Schwingen von ihr vergolden lässt oder eine Bisamratte aus ihrem Bau hervorlugt und inmitten des Sumpflandes ein kleiner, schwarzgeäderter Bach in ersten Mäandern sich langsam um einen verrottenden Baum schlängelt. Wir wanderten in einem so hellen und reinen Licht, welches das welke Gras und die Blätter so sanft und strahlend klar vergoldete, dass ich den Eindruck hatte, noch niemals in solch goldener Flut, die ohne jedes Kräuseln und Murmeln war, gebadet zu haben. Die Westseite jedes Waldes, jedes ansteigenden Hügels glänzte wie die Grenze zum Elysium, und die Sonne in unserem Rücken schien einem sanften Hirten gleich, der uns des Abends nach Hause wies.

So wandern wir zum Heiligen Land, bis die Sonne eines Tages noch heller scheinen wird als je zuvor, vielleicht auch in unsere Sinne und Herzen hinein, und unser ganzes Leben mit einem großen, erweckenden Licht aufleuchten lassen wird, so warm und heiter und golden wie an einem Bachufer im Herbst.

Ein glücklicher Rebell:
Henry David Thoreau

Nachwort des Übersetzers

Der Oberaffe in Paris setzt sich eine Reisemütze auf, und alle Affen in Amerika machen es ihm nach.« Der das sagt, hat mit der Mode nichts am Hut. Ihm ist grundsätzlich alles zuwider, was ein anderer ihm vorschreiben will, mag es der Papst sein, der Präsident oder der sogenannte Zeitgeist.

Jede Generation, weiß Thoreau, lacht über die alte Mode und folgt doch wie gebannt der neuen. Er selbst, der Mann aus Concord, Massachusetts, in seinen geflickten derben Hosen, den Rindslederstiefeln, im dicken zeitlosen Mantel und dem Strohhut tief über den buschigen Augenbrauen, lacht am lautesten über die Menschen, die sich so viel Sorgen darum machen, wie sie ihren Kopf schmücken sollen – und nichts als Stroh im Kopf haben.

Eine Reisemütze braucht Thoreau ohnehin nicht. Denn er reist nicht, von wenigen Exkursionen in die Wälder von Maine oder ans Cape Cod abgesehen. Lebenslang bleibt er seiner neuenglischen Heimat treu. Concord, ein kleines Städtchen von damals zweitausend Einwohnern, eine halbe Eisenbahnstunde von Boston entfernt, ist historisch berühmt, weil es hier den ersten Widerstand gegen die englische Kolonialmacht gegeben hat.

1817 geboren, wächst David Henry – als junger Erwachsener tauscht er die Vornamen – in einfachen Verhältnissen auf. Die Familie bestreitet ihren Unterhalt mit der Fabrikation von Bleistiften, die der Vater betreibt. Bei aller Frömmigkeit und Strenge, die das Leben der puritanischen Einwanderer in Nordamerika prägen, herrscht im Hause Thoreau ein fröhlicher, offener Ton. Henry hängt sehr an seinem älteren Bruder John. Es ist eine glückliche Zeit: An Flüssen, Seen und Klippen tollen die Jungen herum, streifen durch Wiesen und Wildnis und finden überall noch die Pfeilspitzen der Indianer.

Über sein jugendliches Wohlbefinden in Gottes freier Natur schreibt Thoreau später: »Ich erinnere mich, wie froh ich war, als man mich einmal einen halben Tag nicht zur Schule gehen ließ. Ich sollte auf einem Nachbarhügel fürs Abendessen Heidelbeeren pflücken, aus denen ein Pudding bereitet werden sollte. Ach, sie kriegten nichts weiter als den Pudding, ich dagegen machte eine unschätzbare Erfahrung! So ein halber Tag Freiheit war das Versprechen ewigen Lebens. Emanzipation in Neuengland! Oh, meine Landsleute, das war ein Tag!«

Mit sechzehn Jahren kommt er auf das Harvard College – doch sein eigentlicher Lehrmeister, der ihn in die Welt des Geistes einführt, unterrichtet nicht an der Universität, sondern schreibt und lehrt in Concord: Ralph Waldo Emerson. Exaktes Forschen, meint dieser idealistische Denker, führe seltener in die Geheimnisse der Natur als Traum, Liebe und Phantasie. Der Geistesfürst Emerson hat zahlreiche kreative Köpfe um sich geschart, die sich kühne, neue Lebensentwürfe ausdenken, sodass Concord damals als das Weimar der Neuen Welt gilt. Bald wird die unverwechselbare Stimme des jungen Henry David Thoreau dazugehören.

Nach Abschluss der Studien bietet sich ihm die Chance, eine Lehrerstelle an der Volksschule seines Heimatorts anzunehmen. Er leistete sich dort freilich nur ein vierzehntägiges Gastspiel, weil er die Prügelstrafe nicht anwenden will. Wahrscheinlich passt ihm die ganze Richtung nicht: dass er eingebunden ist in einen Verwaltungsapparat, dass er stures Pauken einüben soll. Die guten Nachbarn schütteln den Kopf über den jungen Mann, der einen so begehrten Job einfach sausen lässt, lieber in der Gegend herumlungert und dem Konzert der Frösche lauscht. Auch die Mutter kritisiert die akademische Arbeitslosigkeit: Hilf wenigstens deinem Vater! Und das tut er, denn er ist ein sehr geschickter Handwerker und Tüftler und erfindet eine stabilere Graphitmine. Doch als die Firma John Thoreau & Sons zu florieren beginnt, steigt er wieder aus, will sich durch einen Beruf »mit Zukunft« nicht die Gegenwart verbauen lassen.

Ja, was tut er denn eigentlich, außer dass er sich in die Einsamkeit des Wiesentals, der Bäche und Sümpfe verdrückt, dass er sein Journal fortführt oder indische Weisheitsbücher liest, oder dass er sich mit den seltsamen Gelehrten der Emerson-Gruppe trifft? Für ein paar Wochen hat er sogar eine Freundin, die er seinem Bruder ausgespannt hat, doch dann macht deren Familie der schüchternen Beziehung ein Ende: Dieser Freidenker ohne Zukunftsperspektiven ist nun wirklich nicht die beste Partie.

Ein schlimmerer Schlag ist für Henry der Tod seines Bruders John, der an Tuberkulose stirbt. Er hat mit ihm zusammen eine Privatschule aufgemacht, und ihre naturkundlich lebensnahen Erziehungsmethoden sind auf große Zustimmung gestoßen. Die Schule muss geschlossen werden. Auch dieses Experiment scheitert also, aber schon lange geht ihm ein anderes durch den Kopf, und jetzt ist die Zeit gekommen, es in die Tat umzusetzen, nicht zuletzt mit Unterstützung seines väterlichen Freunds Emerson. Der hat seinem Lieblingsschüler schon oft unter die Arme gegriffen und ihm Jobs als Bibliothekar, Redakteur, Gärtner und Hauslehrer verschafft. Zwei Meilen von Concord entfernt besitzt Emerson ein Grundstück am Waldensee, das er erworben hat, damit die schönen Bäume dort stehen bleiben können. Hier baut sich Thoreau in der ersten Jahreshälfte 1845 eine Blockhütte, hier führt er sein Experiment eines einfachen Lebens durch, das ihn berühmt machen wird.

»Mit Bedacht« wählt Thoreau – er ist jetzt fast 28 Jahre alt – den Zeitpunkt seines Umzugs: 4. Juli, nationaler Gedenktag der amerikanischen Unabhängigkeitserklärung. Zwei Jahre, zwei Monate und zwei Tage wird Thoreau am Walden Pond verbringen. Hier will er »intensiv leben, alles Mark des Lebens aussaugen und so standhaft und spartanisch leben, um alles, was nicht Leben war, davonzujagen«. Seine Erfahrungen hält er schriftlich fest: *Walden oder Leben in den Wäldern* wird sein literarisches Hauptwerk und für zahllose Leser eine Quelle geistiger Erneuerung und Besinnung.

Der Walden-Wohnsitz ist nicht ohne Komfort; es gibt einen Kamin, zwei Fenster und drei Stühle, »einen für die Einsamkeit, zwei für die Freundschaft, drei für Gesellschaft«. Von der Außenwelt ist er keineswegs abgeschnitten: Die Eisenbahn keucht vorüber, Neugierige kommen zu Besuch, er selbst geht oft über die Bahngeleise heim ins Städtchen und isst von der Apfeltorte, die seine Mutter gebacken hat. Er ernährt sich vegetarisch – meistens jedenfalls. Ein Farmer hält ihm vor, die Pflanzenkost tue nichts für den Knochenbau, »und während er mir alles erklärt, läuft er hinter seinen Ochsen her, die mit ihren vegetarisch aufgebauten Knochen ihn mitsamt seinem rumpelnden Pflug über alle Hindernisse hinwegziehen«. Einmal, nachdem ihm ein Murmeltier sein Bohnenfeld wiederholt verwüstet hat, fängt er es ein, schlachtet es und verspeist es – trotz seines moschusartigen Geschmacks – mit großem Genuss.

Ansonsten erinnert sein Verhältnis zu Tieren an den heiligen Franz von Assisi. Dem stundenlang ausharrenden Beobachter nähern sich Bisamratten, Eichhörnchen und Falken schließlich voller Zutrauen; Fische schwimmen ihm in die Hand. *Walden* ist ein einziger Preisgesang auf die immerwährende Frische und Fruchtbarkeit der Welt. Welch heiterer, unbefangener Blick auf Ameisen, Eistaucher, auf den silbernen See und dann auf die komischen Menschen, die nicht wissen, dass sie Königskinder sind und ihre kostbare Lebenszeit vergeuden.

Thoreau besitzt die Fähigkeit, stehen zu bleiben und zu staunen, das Lebenstempo zu verlangsamen, im Hier und Jetzt bewusst da zu sein. Mit Urvertrauen zur Mutter Natur. Und es schmerzt ihn, mitansehen zu müssen, wie Ehrgeiz, Machtstreben, Gewinnsucht Menschen dazu bringt, die Würde der Natur anzutasten, die Wälder abzuholzen und gigantische »Bohnenfelder« anzulegen. Mit jeder Verringerung seiner Bedürfnisse sieht er das Maß seiner Freiheit wachsen. Er liest keine Zeitung, raucht nicht, meidet Alkohol, Kaffee und Tee. Das biblische Gebot: Sechs Tage sollst du arbeiten – kehrt er einfach um! Tatsächlich reicht ihm ein Tag fremdbestimmter Gelegenheitsarbeit pro Woche, genügen ihm dreißig bis vierzig Arbeitstage im Jahr, am liebsten als Landvermesser; im Übrigen nimmt er sich »das Leben«, nimmt er sich seine

Freiheit heraus, ist stets unterwegs, ein Fuß-, Müßig-, Einzelgänger, er braucht ganz einfach einen breiten Rand im Leben.

Doch mitten in dieser freiheitlichen Experimentierphase gibt es einen Tag, genauer gesagt: eine Nacht der Unfreiheit. Da Thoreau seine Kopfsteuer nicht bezahlt hat, sperrt ihn der Konstabler des Orts am 23. Juli 1846 kurzerhand ins Gefängnis. Thoreau hat es so und nicht anders gewollt. In seiner berühmten Schrift *Über die Pflicht zum Ungehorsam gegen den Staat* nennt er den Grund: »Unter einer Regierung, die irgendjemand unrechtmäßig einsperrt, ist das Gefängnis der angemessene Platz auch für einen gerechten Menschen.«

Als Emerson seinen Freund hinter Gittern sieht, ruft er ihm zu: »Henry, warum bist du hier?« Thoreau darauf: »Warum bist du nicht hier, Waldo?« Für Thoreau ist es eine Frage der Ehre. Aus Solidarität mit den politischen Opfern seiner Zeit: dem entflohenen Sklaven, dem mexikanischen Kriegsgefangenen und dem misshandelten Indianer.

Der Steuerverweigerer protestiert mit seiner Aktion vor allem gegen den aktuellen Mexiko-Krieg und die Haltung der Nordstaaten in der Sklavenfrage: Um der Einheit willen und aus wirtschaftlichen Gründen duldet der Norden die Sklavenhaltung des Südens. Heimlich helfen viele aufrechte Bürger Neuenglands den Flüchtlingen auf ihrem Weg in die Freiheit nach Kanada – auch die Familie Thoreau engagiert sich im Fluchthilfe-Netzwerk. Ihren guten bürgerlichen Ruf will sie aber auf keinen Fall aufs Spiel setzen: Am frühen Morgen begleichen die Thoreaus Henrys Steuerschuld, sodass er, ein wenig kleinlaut, den Rückzug in seinen Wald antritt und sich in den geliebten Heidelbeerbüschen verkriecht.

Die Knast-Komödie hatte aber, man muss es so sagen, weltpolitische Folgen. Die in Thoreaus Aufsatz entwickelten Gedanken des zivilen Ungehorsams sind Jahrzehnte später für Mahatma Gandhi und seine Bewegung des gewaltfreien Widerstands von entscheidender Bedeutung. Gandhi erklärt den Essay zur Pflichtlektüre für seine Anhänger. Und auch die Bürgerrechtsbewegung in Amerika findet in Thoreaus Widerstandsschrift ihre moralische Rechtfertigung formuliert. 1957 schreibt Martin Luther King: »Der Gedanke, dass man sich weigern sollte, mit einem bösen Staat zusammenzuarbeiten, faszinierte mich so sehr, dass ich das Werk mehrmals las.«

Wer – wie Thoreau gar in einem Rechtsstaat –

Gesetze demonstrativ missachtet, weil er sich einer höheren Instanz, nämlich seinem Gewissen, verpflichtet fühlt, muss freilich bereit sein, die strafrechtlichen Konsequenzen auf sich zu nehmen – und sei es eine Nacht im Gefängnis.

Auch nach seiner Waldenzeit bleibt Thoreau in der Frage der Sklaverei wachsam, obwohl er noch in jenem Civil-Disobedience-Essay höhnisch angemerkt hatte, es gebe auf dieser Welt nicht viele Augenblicke, in denen er unter einer Regierung lebe. Doch seit 1850 gibt es ein verschärftes Gesetz, das die Nordstaaten verpflichtet, Sklaven, die aus dem Süden geflohen sind, wieder an den »rechtmäßigen Besitzer« auszuliefern. Und als der Sklave Anthony Burns in Boston unter gewaltigem militärischen Schutz auf ein Schiff verschleppt wird, das ihn nach Virginia zurückbringen soll, hält Thoreau eine scharfe Anklagerede unter dem Titel *Sklaverei in Massachusetts*, in der er zum aktiven Widerstand aufruft: zum Zeitungsboykott, zur Niederlegung von Staatsämtern, zum Austritt Massachusetts aus der Union.

Kompromisslos und mit aller rednerischen und literarischen Kraft unterstützt Thoreau einen Mann, den die öffentliche Meinung zum terroristischen Gewalttäter erklärt hat: John Brown.

Dieser fanatische Vorkämpfer für die Befreiung der Schwarzen in den Vereinigten Staaten hat in Kansas eine kleine Guerillatruppe aufgebaut und ist für mehrere Massaker an Sklavenhaltern verantwortlich. Für Captain John Brown heiligt der Zweck die Mittel. In ihm sieht Thoreau einen Mann, der endlich ernst macht mit den moralischen Grundsätzen und nach dem Motto handelt: Wer, wenn nicht ich, und wann, wenn nicht jetzt – eine radikale Unbedingtheit, die Gandhi später so formuliert: »Gewaltlosigkeit ist besser als Gewalt; Gewalt ist besser als Feigheit.«

Als Brown nach einem Überfall auf das US-Waffenarsenal von Harper's Ferry in Virginia wegen Hochverrats angeklagt und hingerichtet wird, hält Thoreau eine flammende Verteidigungsrede. Er argumentiert aus der Sicht einer höchstrichterlichen Göttlichkeit, die kein Pardon kennt für »eine kleine Schar von Sklavenhaltern, die, geduldet von einer großen Schar von Passagieren, vier Millionen sterbender Opfer auf dem Sklavenschiff in den Luken ersticken lässt«. Plötzlich begreifen die Zuhörer, wie furchtsam und kleingläubig sie sich in der Sklavenfrage verhalten.

Jetzt, da Brown tot ist, wendet sich Thoreau in seiner Trauer wieder den Trostkräften der Natur zu. Es bleibt ihm nicht mehr viel Zeit. Auch bei ihm macht sich die Krankheit seiner Familie, seiner Generation bemerkbar: die Tuberkulose. Mehr und mehr interessiert ihn das Leben des Indianers. Dessen Intelligenz fließe in Kanälen, von denen der weiße Mann nichts wisse. Wie wunderbar finde der Wilde den Weg durch die Wälder – ohne Kompass, Fernglas, Messkarte, Dinge, auf die auch Thoreau nicht verzichtet.

Lebenslang hat ihn das Wilde angezogen. In *Vom Wandern* heißt es: »Das Wilde sichert die Erhaltung der Welt« (oder: »In der Wildheit liegen die Rettungsreserven der Welt«), ein Satz, den der World Wildlife Fund (WWF) zu seinem Motto gemacht hat. Thoreau respektiert den Indianer, den Fischer und Jäger, zu deren Leben auch das Töten von Tieren gehöre – aber er empfindet es als grässliche Tragödie, wenn zum Beispiel der Elch aus purer Lust am Töten zur Strecke gebracht wird. Das pulsierende Leben ist ihm heilig. Auch die Tötung zu Forschungszwecken lehnt er ab, das Skelett eines Eichhörnchens in Spiritus gilt ihm als Irrsinn.

Beim Zählen von Jahresringen alter Baumstämme zieht sich der Lungenkranke eine schlimme Erkältung zu. Monatelang muss er das Bett hüten. An dem Bürgerkrieg, der zwischen

Nord und Süd ausgebrochen war, nimmt er nur noch geringen Anteil. Mehr als jede Militärparade erfreut ihn der letzte Herbst seines Lebens, der Indian Summer mit seinen leuchtenden Farben. Einer frommen Tante, die ihn fragt, ob er nicht jetzt, im Angesicht des Todes, mit Gott Frieden schließen wolle, antwortet er: »Ich wüsste nicht, dass wir jemals Streit miteinander gehabt haben.«

Thoreau stirbt am 6. Mai 1862, erst 44 Jahre alt. Seine letzten Worte sind »Elch« und »Indianer«.

Einen Monat später erscheint sein Essay *Walking* in der Zeitschrift *Atlantic Monthly*. Er hat ihn über viele Jahre immer wieder überarbeitet und erfolgreich als Redner in Kulturhäusern vorgetragen, erstmals 1851 im heimatlichen Concord Lyceum. Das Erstmanuskript, betitelt *The Wild*, welches er, wie alle seine Schriften, aus der authentischen Frische seiner Tagebuchnotate zusammenstellt, ist schließlich um das Doppelte erweitert. Auf das Deckblatt einer Vortragsfassung von *Walking, or the Wild* schreibt er 1852: »Ich betrachte dies als eine Art Vorwort zu allem, was ich hernach noch schreiben mag.« Hinzugekommen sind Aspekte des achtsamen Unterwegsseins als Einzelner draußen in den Wäldern, im Sumpfland, an Seen. Über romantische Stimmungsbilder hinaus will er eindringen in die Wirklichkeit des Ursprünglichen – und ist gleichzeitig tätig als Landvermesser im Dienste gewinnorientierter Auftraggeber. Thoreau: ein Genius der Paradoxien, in der Lebensweise wie in der Ausdrucksweise.

Das Titelwort *Walking*, das mit der modernen Sportart des zügigen Gehens nichts zu tun hat, changiert in seiner deutschen Bedeutung zwischen Gehen, Spazieren und Wandern. Aber keines dieser Verben trifft die gemeinte Bewegung richtig. Thoreau gibt selbst weitere Verben hinzu, so das scheinbar ziellose Schlendern, das den bewusst erlebten und zu feiernden Augenblick ermöglicht, oder, und vor allem, das metaphysisch zielgerichtete Pilgern. Der täglich vier, fünf Stunden Gehende, Pilgernde, Wandernde vernimmt in seinem Inneren die Stimme des Ewigen und ihr Echo in Wind und Wetter, Wald und Feld.

Von dieser höheren Warte aus fällt es Thoreau leicht, die Torheiten seiner so zivilisierten Landsleute zu benennen, ihre Naturferne, ihren Stumpfsinn, ihre Zahmheit, ihren Modeplunder. In *Vom Wandern* schmäht er z. B. die verkitschten Vorgärten seiner Kleinstädter und empfiehlt stattdessen den Hausbau unmittelbar am Rand eines Sumpfes. In den Vorlesungen ließen sich die Zuhörer diese Publikumsbeschimpfung gerne gefallen, es wurde viel gelacht, so ist es überliefert. Man mag es kaum glauben, wenn man das ernste, traurig wirkende Konterfei des Vollbärtigen betrachtet. Und tatsächlich gab es zu seinen Lebzeiten in Concord und Umgebung nicht wenige, die sich ihrerseits über den Sonderling lustig machten oder sich über ihn empörten. Denn im persönlichen Umgang war er unbequem, ein Widerspruchsgeist, und dies auch im Kreis der transzendentalistischen Geistesmenschen um Emerson, die aber gemeinsam die Grundüberzeugung teilten, dass, besonders in der Natur, »Augenblicke göttlicher Muße« erfahrbar seien, »in denen sich dein Leben mit dem des Universums vereinigt« – so Thoreau im Tagebuch jener wilden Wanderjahre.

In *Walking* äußert er sich, wie in den meisten seiner Schriften, auf dreifache Weise: als zutiefst Naturverbundener, als politisch Unbedingter (auch die Sklavenfrage wird berührt) und als Denker, der mit den Weisheitslehren und Mythen aller Zeiten aus Ost und West vertraut ist. Seine stärkste Antriebskraft ist aber das Literarische, er versteht sich als Schriftsteller, der mit witziger, provozierender Sprachkunst das falsche Leben, das die allermeisten führen, anprangert und sein ganz eigenes, selbsterprobtes Zurück zur Natur predigt. Dabei interessierte ihn das Veröffentlichen eher weniger, viele tausend Seiten füllen die Journale seiner kurzen Lebenszeit, und diese sind vielleicht sein Hauptwerk!

Die weltweit fortdauernde Lebendigkeit seiner Schriften ist erstaunlich. Und Thoreau ist keineswegs zum Klassiker erstarrt! Das zeigt sich nicht zuletzt daran, dass es immer wieder auch Vorbehalte gegen ihn gibt. Manchen gilt er als ein spinnerter Uhu, als manischer Individualist und weltfremder Aussteiger. Andere bewundern eben diese Position des eigensinnigen, unerschrockenen Einzelgängers, finden in seinem Werk Anregung und Orientierung. Thoreau-Liebhaber schätzen vor allem die musikalische Poesie seiner Naturbilder, die Porträts der einfachen Bauern ringsum, sturköpfig wie er selbst, den bissigen Humor seiner Zivilisationskritik, die Anleitungen zur Selbsterkenntnis. All das lässt sich auch in *Vom Wandern* finden.

In den USA gilt Thoreau heute als Nationalheiliger. Concord ist zu einer überlaufenen Pilgerstätte geworden. Um den Walden Pond führt ein schöner Rundgang von drei Kilometern. Der im Wandern Fortgeschrittene mag vielleicht die Old Marlborough Road aufsuchen, soweit dieser alte

Indianerpfad noch begehbar ist. Doch auch hier gilt Thoreaus Wunsch, dass es so viele verschiedene Menschen wie möglich auf der Welt gebe und ein jeder sehr darauf achte, seinen eigenen Weg zu finden und zu gehen, auch nicht den eines Henry David Thoreau.

KAMPA 🦋 POCKET

H. D. Thoreau
Walden oder vom Leben in den Wäldern

Aus dem amerikanischen Englisch
von Wilhelm Nobbe und Regina Roßbach

Zurück zur Natur. Der Klassiker des Nature Writing.

1845 zimmerte sich Henry David Thoreau, Sohn eines Bleistift-
fabrikanten, eine einfache Hütte am Walden Pond, nah seinem
Heimatstädtchen Concord in Massachusetts, um sich für zwei
Jahre dorthin zurückzuziehen. »Ich ging in die Wälder, weil ich
mit Überlegung leben wollte, mich dem eigentlichen, wirklichen
Leben nähern wollte, damit ich nicht, wenn es zum Sterben gin-
ge, einsehen müsste, dass ich nicht gelebt hatte. Intensiv leben
wollte ich, das Mark des Lebens in mich aufsaugen.« *Walden*
ist das Protokoll dieses Experiments eines der ersten modernen
Aussteiger und zugleich eine der eigentümlichsten und schönsten
Handreichungen zum Glück.

»Thoreau war vielleicht ein störrischer, aber zweifellos ein
faszinierender Freigeist. Und sein Aussteigerbuch *Walden*
bringt einen bis heute ins Nachdenken: Darüber, ob die so gern
als ›alternativlos‹ bezeichneten Zwänge unserer Wohlstands-
gesellschaft wirklich immer so alternativlos sind.«
Gisa Funck / Deutschlandfunk

KAMPA ⟨△⟩ POCKET

Aldo Leopold
Wenn ich der Wind wäre

Auszüge aus *A Sand County Almanac*
Zusammengestellt von Aleksia Sidney

Ein Evergreen, eines der schönsten Bücher über die Natur –
und über den Menschen, der sie braucht für sein Glück

Während in Europa der Zweite Weltkrieg tobt, schreibt der
US-amerikanische Forstwissenschaftler und Umweltethiker Aldo
Leopold über die Wälder von Arizona, Oregon und Manitoba, wo
er Flora und Fauna erkundet hat und den Einfluss menschlichen
Handelns auf die Natur. Er erinnert sich an die magischen Tänze
der Waldschnepfen, sinniert über die Trunkenheit des Windes,
wundert sich über die Sprache der Bäume und über ihr Gedächtnis, beschreibt Gemälde, die der Wisconsin River an manchen
Sommermorgen malt, und Felsenblümchen, die kleinsten Blumen der Welt. Selten wurde so sinnlich über die Natur geschrieben, wurde in so knappen, eindringlichen Worten so viel über die
wichtigen Dinge des Lebens gesagt. 1949, ein Jahr nach Leopolds
Tod und ein Jahrhundert nach Thoreaus *Walden* erschienen, ist
A Sand County Almanac, aus dem dieser Band eine Auswahl
bietet, längst nicht nur ein Klassiker des *nature writing* und ein
Grundlagentext der Umweltschutzbewegung, sondern vor allem,
so Literaturnobelpreisträger Jean-Marie Gustave Le Clézio, ein
Brevier für alle, die nach einem ausgeglichenen Leben streben.

»Stellen Sie dieses Buch in Ihrem
Bücherregal neben Thoreau und John Muir.«
San Francisco Chronicle

KAMPA POCKET

Hansjörg Schertenleib
Palast der Stille

Ein kleines Cottage auf einer Insel an der Ostküste Amerikas, mitten im Winter, in der Stille. Ein Mann schaufelt Schnee, redet mit seiner Katze, beobachtet Vögel, genießt die Langeweile und zieht Bilanz über sein Leben und Schaffen. Später macht er sich auf den Weg durch den tief verschneiten Wald zu der Kiefer, in deren Krone er einen Ausguck hat: die Welt zu schauen, die Natur, sich selbst.

Hansjörg Schertenleib schreibt über Stille, selbst gewählte Einsamkeit und die Liebe zu Tieren, zur Natur und zu Büchern. Eindringlich, poetisch, schwebend leicht.

»Ein Buch für alle, die dabei sind, das einfache Leben zu entdecken. Alle, die da sitzen, lesen, schreiben, schnitzen. Den Wind hören und manchmal Musik; alle, die gerne im Schnee und in sich selbst versinken. «

Christine Richard / Tages-Anzeiger

Wenn Ihnen dieses KAMPA POCKET
gefallen hat, gefällt Ihnen vielleicht auch der
Lesetipp auf der gegenüberliegenden Seite.

Schicken Sie uns bitte Ihren LIEBLINGSSATZ
aus einem Kampa Pocket, bei einer Veröffent-
lichung auf unseren Social-Media-Kanälen
bedanken wir uns mit einem Buchgeschenk:
lieblingssatz@kampaverlag.ch